인생 2막
어떻게 살 것인가

인생 2막
어떻게 살 것인가

퇴직,
끝이 아닌
또 다른 시작

허
남
철

박영story

허남철

인생 2막을 강의하는 프리랜서

직장생활 30여 년 했다.
인생 2막 어떻게 살 것인가를 궁리하며,
강의, 코칭, 자문 활동을 한다.

퇴직 후 삶을 고민하고 준비하는 사람들에게
인생 2막으로 가는 징검다리를
잘 건널 수 있도록
길잡이 역할을 하며 산다.

e-mail : motist@naver.com

Prologue

퇴직, 끝이 아닌 또 다른 시작

퇴직하면 내가 좋아하는 일을 하면서 아내와 함께
소소한 삶을 살고 싶었다.
그러나 퇴직 후 2달도 채 되지 않아 그 바람은 사라졌다.
'그동안 쌓은 훌륭한 경험과 재능을 썩히면 되느냐'는 주변의 부추김과
좋은 일 해야 한다는 강박감으로 바쁘게 살았다.
경영현장에서 컨설팅하고, 강의하며, 코칭하면서.

어느 날 문득 마음 한구석이 허전하게 느껴졌다.
나는 누구인가? 내가 진짜 원하는 삶은 어떤 삶인가?
인생 2막을 어떻게 살 것인가?

인생 1막과 다른 2막을 살아보고 싶었다.
새로운 삶의 여행을...
익숙했던 삶을 내려놓고 낯선 길을 선택하기로.

그동안 갈팡질팡, 우여곡절이 많았다.
지금, 나는 내가 좋아하는 일과 소중한 사람들과 함께 살아간다.

인생 2막을 고민하고 준비하는 사람들에게
'인생 2막 어떻게 살 것인가'를 주제로 강의하고 코칭한다.
특히, 퇴직을 앞둔 직장인들을 찾아간다. 전국 어디든.

어느 날 강의에서 수강생 한 분이 내게 물었다.
"강의에서 못다 한 이야기를 더 듣고 싶은데, 강사님이 쓴 책은 없나요?"
책 한권을 써야겠다는 의무감이 생겼다.
물론 많은 사람들은 퇴직 후 책 한권 쓰고 싶다는 숙제를 안고 산다.
나도 그랬다.
그리고 아내와 아들, 딸의 책 한권 쓰라는 아우성과 아낌없는 성원에
이 책이 탄생하게 됐다.

이 책은 퇴직과 은퇴 사이 기로에서 좌충우돌하며 터득했던
나의 경험과 그동안 강의한 내용을 중심으로 썼다.
퇴직을 앞두거나 퇴직하고 인생 2막을 고민하며 준비하는 사람들에게
도움이 되었으면 하는 바람이다.

퇴직은 가졌던 것을 잃어버리는 과정이 아니라,
해야 했던 일에서 떠나 정녕 하고 팠던 일을 만나는 새로운 기회이기도
하다. 퇴직은 끝이 아닌 또 다른 시작이다.
이제부터 어쩌면 내가 진정으로 원하는 삶을 살 수 있지 않을까?

모든 것은 우리의 마음가짐과 선택에 달려 있다.
'유비무환, 무비유환'이라 하지 않았는가.

이 책이 인생 2막을 살아가는 데 조금이나마 지혜를 보탤 수 있다면 좋겠다.

2019년 3월

허남철

차례

◆ 인생 1막과의 이별

◆ 100세 시대, 일과 삶에 대한 생각

◆ 인생 2막, 어떻게 살 것인가

◆ 인생 2막 준비를 위한 T i p

인생 1막과의 이별

퇴직이라는 사건

아내의 퇴직 스트레스

단둘이 떠난 졸업여행

퇴직하던 날 가족편지

퇴직 후 처음으로 해본 것들

시간, 하릴없이 보내는

중년도 아프다

특별한 여행

1956년생 김영수

회사인간에서 사회인으로

得, 그리고 失

봄이 온다

30년을 위한 새로운 선물, 지금 이 순간

퇴직이라는 사건

누구에게나 예정된, 갑작스러운

*

오늘은 한겨울을 알린다는 대설(大雪)이다. 절기에 걸맞게 눈이 내린다.

날씨는 평년 기온을 웃도는 5도.

내일은 찬 공기 영향으로 기온이 큰 폭으로 떨어지면서 추워진다고 한다.

영하 7도.

날씨 예보를 들으면서 불현듯 계절을 실감한다. 그리고 매년 이맘때면 '퇴직'이라는 갑작스러운 사건을 맞닥뜨릴 후배들이 생각난다.

퇴직이란 어쩌면 중병이나 죽음을 닮은 게 아닐까.

누구에게나 예정되어 있다.

아무리 준비한들 통고를 받으면 갑작스럽고 당황스럽다.

무엇보다 막상 겪기 전까지는 누구도 자기 일은 아닐 거라고, 나에게만은 아주 더디게 올 거라고 애써 외면한다.

심지어 퇴직일이 정해진 정년퇴직 예정자까지도.

잠시 생각에 잠겨 있을 때, 후배에게서 전화가 왔다.

황급하고 조금은 상기된 듯한 목소리.

"선배님께 가장 먼저 알려드리고 싶었습니다. 저 퇴직했습니다."

전화기 너머로 들려오는 소리에 서운함과 후련함이 배어 있는 듯했다.

"그래, 고생 많았네. 고생한 자신을 위로하고 격려해주게나."

전화를 끊고 나니 5년 전 일이 주마등처럼 스쳐간다.

그때도 비슷한 시기였다. 한 해가 기울어가는 12월 중순.

퇴직 통고를 받았다. 아내에게 소식을 전했다.

많은 감정들이 스쳐 지나간다. 시원섭섭함, 후련함…….

이런저런 생각에 잠겨 시간이 흐르고 있었다.

'까톡!'

아내가 보낸 문자메시지였다.

'여보, 입사하면 언젠가는 퇴사하는 거지요. 그동안 고생 많았습니다. 사랑해요.'

아들에게서도, 멀리 있는 딸에게서도.

'벌써 몇 년째 12월만 되면 마음의 준비를 하시는 아버지, 제 마음도 짠하네요. 감사합니다.'

'아버지, 안녕! 드디어 그날이 왔네요. 언젠가는 치러야 할 퇴

직이잖아요. 고생 많으셨어요. 이제 우리 아빠는 자유인입니다!'

가족들의 위로와 격려를 받으며 인생 1막을 마쳤다.

나 자신과 내 삶의 터전이었던 직장에서.

이렇게, 오랫동안 정들었던 인생 1막과 이별했다.

매년 겨울 이맘때면 퇴직하는 후배들에게 전하고 싶다.

퇴직은 갑작스러운 사건이 아니라, 알면서도 모르는 척 무시하고 싶은, 이미 예정된 사건이다.

하지만 그 사실을 아무리 잘 알고 있어도, 아무리 잘 준비하고 있어도 당황스러울 것이다. 언제 퇴직 통고를 받든 갑작스러운 소식일 테니까.

예외가 있을까?

없다.

피해 갈 수 있을까?

없다.

정년퇴직이든 명예퇴직이든 해고든, 모두 갑작스러운 사건이다.

자발적 퇴직자를 제외하고는.

누구나 입사하면 퇴사한다.

시기는 알 수 없지만 우리 모두에게 예정되어 있다.

***

아내의
퇴직 스트레스

"여보, 저 병원 좀 가야겠어요"

*

"여보, 나 이제 퇴사합니다." 라고 아내에게 메시지를 보냈다.

아내한테서 문자메시지가 도착했다.

'여보, 당신은 정말 훌륭하고 존경스런 사람입니다. 긴긴 세월 동안 얼마나 힘들고 어려움이 많았을까요. 그런데 내색하지 않고, 오늘까지 오게 되었어요. 당신을 볼 때마다 존경스럽고 한편으로는 안쓰러워요. 정말 고생 많으셨어요. 이제 그동안 하지 못한 얘기도 하고 여행도 하면서, 숨 막히지 않게 여유를 좀 즐기면서 삽시다. 당분간 당신이 좀 허전하겠지만 언젠가는 치러야 할 의식이기에 지금이 가장 좋은 때인 거 같아요. 존경하고 사랑해요.

당신의 아내가.'

아내에게 짤막한 문자로 고마움을 대신했다.

'여보, 고마워요. 당신 덕분에 인생 1막을 행복하게 마무리했습니다. 이제 당분간 안식년을 갖고 재충전해서 함께 인생 2막을 멋지게 살게요. 감사해요. 사랑합니다.'

이렇게 우리 부부는 문자 편지로 서로를 위로하고 격려해줬다.

퇴직 소식, 힘들겠지만 아내가 잘 극복해주리라 믿으며.

그날 저녁은 내가 좋아하는 친구 부부들과 함께 저녁식사를 하는 날이었다. 몇 개월 전에 한 약속인데, 마치 미리 준비라도 한 양 모임 날짜가 퇴직 통보를 받은 날과 맞아떨어졌다. 마음 한구석은 불편했지만. 그래도 좋아하는 사람들과 의미 있는 저녁 모임을 갖는 날이라 내색하지 않고 참석하기로 했다.

퇴근 시간도 지나 조용한 사무실에 멍하니 앉아 약속 시간을 기다리고 있는데, 아내가 약속 장소로 오는 길에 문자를 보냈다.

'여보, 저 병원 좀 가야겠어요.'

그토록 담담한 척했던 아내가 내 퇴직 소식에 적잖은 스트레스를 받았던 모양이다. 측은하고 안쓰러운 생각에 눈물이 핑 돈다.

아내를 만나서 급히 근처 병원을 찾아 응급처방을 했다. 다행히 큰 문제는 없단다. 최근에 무슨 스트레스 받은 게 있냐고, 의사가 묻는다.

아무 말도 할 수 없었다. 마음이 아리다.

인생 2막
어떻게 살 것인가

퇴직, 끝이 아닌 다른 시작

단둘이 떠난
졸업여행

인생 1막 위로와 축하의 시간

*

아내와 함께 인생 1막 졸업여행을 떠났다.

그냥 아무 생각 없이, 아무 준비도 없이.

핸드폰 전원도 끄고 아무에게 말하지 않고, 그렇게 떠났다.

"내일 여행 떠납시다."

아내와 상의도 없이 내 멋대로 예약을 하고 아내에게 통보하듯 말했다.

아내가 당황한 듯 묻는다.

"여보, 이렇게 갑작스레 떠나야 하나요? 당신도 힘들 텐데, 집에서 조금 쉬다가 며칠 뒤 여유 있게 준비해서 가면 어때요?"

나는 난호하게 다시 말했다.

"내일 출발합니다."

나와 가족을 위해 희생해 준 아내를 위한 서프라이즈 이벤트로 계획했는데, 지금 생각해보면 그 과정이 너무 일방적이었다. 그런데도 아내는 늘 그랬듯이 내 제안을 받아주었고 우리는 제주행 비행기에 몸을 실었다.

자유!

이것이 바로 내가 열심히 살아온 대가로 쟁취한,

그리도 꿈꿨던 자유란 말인가?

제주도의 자연, 하늘과 땅, 바다는 눈이 시리도록 아름다웠다.

가끔 들렀던 곳인데도 맛집과 업무 관계로 만난 사람밖에 떠오르지 않는다. 같은 장소인데 내 마음속의 프레임이 현실 속에서 이렇게 다른 영화를 찍고 있다니 놀라웠다.

내 머릿속에 쌓여온 과거, 미래를 지우고 오직 현실, 지금 여기에만 오롯이 순간순간을 즐겼다. 나와 아내의 인생 1막을 위로하고 축하하며.

"여보, 우리 인생 1막 잘 살았지?"

"그럼, 100점짜리였지. 모두 당신 덕분이야."

"아니야, 다 당신 덕분이지."

....

우리는 바닷가 찻집에 앉아 어깨를 감싸고 행복한 실랑이를 하고 있었다.

석양이 눈부시게 아름답다.

대자연이, 마치 우리를 위한 무대를 만들어주는 것 같았다.

인생 1막의 기억들이 파노라마처럼 펼쳐진다. 수많은 희로애락의 순간들이.

지금 이 순간이… 참 좋다.

함께 살아준 내 아내 미숙 씨에게 고맙다.

누구나 인생 1막은 이렇게 마무리하겠지.

인생 2막을 출발하려면 인생 1막의 자존감과 자부심에 상처를 주지 말아야 할 텐데. 인생 1막을 인생 2막의 걸림돌이 아닌 디딤돌로 삼아야지.

열심히 나를 보듬고 지키기로 마음먹었다.

퇴직하고 찾아온 후배들에게 얘기해준다.

퇴직하면 가장 먼저, 부부가 단둘이서 졸업여행을 꼭 다녀오라고. 가능한 충분한 시간을.

힘든 여정을 잘 견뎌온 자신과 동반자를 위로해주고 격려해주라고…

그것이 그동안 힘들게 부려먹기만 한 자신을 위한 최소한의 도리일 테니까.

우리는 모두 제각각 다른 삶을 살았지만,

우리는 모두 100점짜리 인생 1막을 살았다.

모두가 챔피언이다.

그러니까 축하받아 마땅한 것이다.

＊＊＊

퇴직하던 날
가족편지

가족의 위로와 격려, 든든한 버팀목

*

가족. 인생 2막에서 가족은 내가 살아가는 힘이다.

가장 소중한 삶의 이유이기도 하다.

퇴직하던 날 아내와 아들딸이 보내준 편지를 며칠 전 서재의 어느 꾸러미에서 발견했다.

벌써 5년 전. 잠시 시간을 되돌려 그때로 돌아가본다.

감회가 새롭다.

아내의 편지

어보!

창밖에 하염없이 내리는 흰 눈을 보며 오늘은 30여 년간 다려 왔던 당신의 흰색 와이셔츠를 정말로 정성스럽게 다리고 또 다렸어요. 예전 같으면 대충대충 다리면서 다음에 더 잘 다려야지, 했겠지만, 오늘 다림질은 감회가 다른 것 같아요. 당신의 기나긴 직장 생활 동안 이 셔츠와 나와 당신이 함께 있었네요. 정말 짧다면 짧고 길다면 긴 세월이 순식간에 지나가버렸네요. 모든 열정과 정성으로 오직 가족과 회사를 위해 일해온 당신이기에 허전하고 쓸쓸한 마음 가눌 길 없겠지요. 하지만 입사했으면 퇴사하는 게 순리이니, 조금도 허전하거나 쓸쓸하게 생각하지 말아요. 언젠가는 치러야 할 의식이고, 당신이 한 살이라도 더 젊은 지금이 적기라고 생각하고 마음을 다시 한번 가다듬어주길 바라요.

항상 따뜻한 마음으로 남을 배려하는 그런 당신을, 당신과 함께한 사람들은 잊지 않고 기억하리라 생각합니다. 또한 당신은 가정에선 정말 멋진 남편이자 아이들에겐 자상하고 인자한 아버지예요.

쉬지 않고 긴긴 세월을 앞만 보며 달려온 당신!

힘들고 외로워도 내색 한번 하지 않고 열심히 살아온 당신을 난 정말 존경하고 사랑해요. "그동안 당신 정말 고생 많았어요."

당신이 열심히 살아온 덕분에 우리는 그동안 많은 것을 이루었죠.

마지막 한 가지 바람은 당신이 지금처럼 건강히, 그동안 당신이 하고 싶었던 것들을 마음껏 해보면서 '당신이 행복한 당신의 삶'을 살아가는 모습입니다.

당신 얘기처럼 당분간 안식년을 갖고 재충전한 다음 인생 2막을 멋지게 살아갑시다.

멋진 오빠! 사랑합니다. 파이팅!!

- 당신의 아내 미숙 드림

아들의 편지

일단 아버지, 박수부터 받으세요~ 짝짝짝!
이제는 정말로 때가 되었네요.
11월만 되면 마음의 준비를 해야 한다는 아버지 말씀을 들은 지 벌써 몇 년은 된 거 같아요. 항상 연말만 되면 긴장 속에서 하루하루를 보내셨을 아버지 마음을 생각해보면 더 뭉클해집니다. 정말 고생 많으셨어요. 이제는 그런 걱정 내려놓으셔도 될 것 같아 한편으로는 후련하고 속 시원해요.
아버지께선 말씀하시곤 했죠. "회사를 떠날 때가 됐다며, 이제 내가 하고 싶은 걸 하면서 살고 싶다"고요. 마음은 항상 그러셨겠지만, 가족들을 위해 현실적으로 그러시지 못하셨던 아버지를 생각하면 정말 감사하고 한편으론 너무 안타까웠습니다.
이제는 일 때문에 그동안 못 하셨던 것, 그동안 잊고 사셨던 것, 그동안 새로이 시작하실 수 없으셨던 것들 다 하시고 엄마와 함께 몸도 마음도 편하게 사셨으면 좋겠어요.
저나 유정이나 이제 저희가 하고 싶은 목표가 어느 정도는 뚜렷해졌기 때문에 그것에만 몰두하여, 아버지의 고생과 희생이 헛되지 않는 멋있는 삶을 반드시 살아가겠습니다. 백 번이고 천 번이고 아니 평생을 해도 부족할 만큼 감사하고 고생 많이 하셨습니다.
아버지는 언제나 존재만으로도 든든하시고 멋지고 존경스러운 분이십니다.
아버지는 늘 제 영웅이세요. 은퇴하셨다 해도 아버지는 누구에게나 존경받는 분이시고 영웅이십니다! 아들이어서가 아니고 정말입니다.
습관처럼 되어버린 30년 이상의 세월을 한순간에 다 내려놓기란 정말 많이 힘드시겠지만, 옆에서 응원하고 존경하는 사람들이 많다는 거 기억해주세요.
이제는 더 멋지고 행복하실 아버지의 제2의 인생을 기대해봅니다!
워낙 자기관리에 철저하신 분이라 제가 감히 드릴 말씀은 아니지만, 행복한 삶을 위해선 첫째도 건강 둘째도 건강이니까요, 지금처럼만 건강히 오래오래 아들의 존경스러운 영웅이 되어주세요.
항상 응원하고 격려합니다! 정말 고생 많이 하셨고 감사드립니다. 저도 더 멋진 아들이 되어 아버지의 자랑이 되겠습니다. 사랑합니다. 아버지!

- 아들 우진 올림

딸의 편지

안녕, 아빠! 드디어 그날이 왔네요.
아까 룸메이트들과 나갔다 왔는데, 집에 오니 엄마 아빠한테 각각 두 통씩 부재중 전화가 와 있는 거 보고 처음에는 깜짝 놀랐어요.
퇴직 소식이라 갑작스럽게 들렸을까요.
아빠, 제게 '격려'할 말 없냐고 그러셨지요?
그때는 제가 '격려'를 해드려야 할지 '축하'를 해드려야 할지 순간적으로 헷갈렸어요. 뭐가 맞을지 잘 몰라서 허둥지둥했는데, 지금 생각하니 격려와 축하 둘 다 드리는 게 맞는 것 같아요. 제가 한국에 있었으면 아빠의 감정에 더 많이 공감해드릴 수 있었을 텐데…
오랫동안 몸담으셨던 곳을 떠나시려니 허전하시기도 하겠고, 뭔가 걱정도 되시면서 조금 후련하기도 하시겠지요? 많이 생각하시고 준비하셨으니까, 2년 동안은 파티 타임으로 생각하세요. 여유롭게, 황금 같은 인생 2막을 여셨으면 좋겠어요.
그동안 정말 저희 모두를 위해 수고 많이 하셨어요!
이제 '가장'의 굴레에서 벗어나 '허남철'이라는 개인으로, 사랑하는 여인이랑 하고 싶으신 일하시면서 즐겁게 건강히 사셨으면 좋겠어요.
그동안 정말정말 고생하셨어요. 고맙고 사랑해요 아빠.
혹시라도 아빠가 허전함을 느끼지 않으셨으면 좋겠어요.
문득문득 그렇게 느끼실 때가 오겠지만, 인생 1막 한 점의 아름다운 그림을 완성하셨으니, 이제 스케치북을 한 장 넘겨 더 멋진 새로운 그림을 시작하는 거라 생각하세요. 상쾌한 기분으로 아빠 인생의 새 챕터, 인생 2막을 그리셨으면 좋겠어요.
늘 응원할게요!
사랑해요, 아빠. 고생하셨어요. 앞으로는 더 행복하고 더 예쁘게 사시길 바랄게요.
고마워요 아빠!

– 딸 유정 드림

인생 2막
어떻게 살 것인가

퇴직, 끝이 아닌 다른 시작

퇴직 후
처음으로 해본 것들

그동안 해보지 못한 것들이 참 많았다

*

"나는 학교에서 처음 해본 것이 너무 많다."

지하철에서 본 서울시교육청 공익광고였다.

불현듯 뇌리를 스쳤다. 나도 퇴직 후에야 처음 해본 것이 많다는 것을.

나는 퇴직하고 처음으로, 평일 저녁 9시부터 잠을 잤다.

나는 퇴직하고 처음으로, 평일 아침 8시까지 잠을 잤다.

나는 퇴직하고 처음으로, 평일 아침 10시에 헬스클럽에서 운동을 했다.

나는 퇴직하고 처음으로, 가사 일을 스스로 했다.

(가사 일은 아내를 돕는 것이 아니라 내가 해야 할 일임을 처음 깨달았다.)

나는 퇴직하고 처음으로, 전기밥솥을 내 손으로 열었다.

나는 퇴직하고 처음으로, 설거지를 하고 청소를 하고 음식물쓰

레기를 버렸다.

나는 퇴직하고 처음으로, 아내와 함께 아침식사 준비를 했다.

나는 퇴직하고 처음으로, 아내와 단둘이서 삼시 세끼를 집에서 먹었다.

나는 퇴직하고 처음으로, 자립을 위해 요리를 배웠다.

나는 퇴직하고 처음으로, 내 멋대로 고른 편한 옷을 입고 외출했다.

나는 퇴직하고 처음으로, 하루 종일 오롯이 아내와 함께 수다를 떨며 지냈다.

나는 퇴직하고 처음으로, 형제자매들과 함께 해외 패키지 여행을 했다.

나는 퇴직하고 처음으로, 고향친구들과 부부 동반 해외여행을 했다.

나는 퇴직하고 처음으로, 휴대폰 없이 하루를 보냈다.

나는 퇴직하고 처음으로, 자기 전 머리맡에 메모 수첩과 휴대폰을 두지 않았다.

나는 퇴직하고 처음으로, 자기 전에 알람을 맞추지 않았다.

나는 퇴직하고 처음으로, 오늘 해야 할 일 리스트를 챙기지 않았다.

나는 퇴직하고 처음으로, 월요일 조조영화를 봤다.

나는 퇴직하고 처음으로, 무궁화 열차를 타고 여행을 했다.

나는 퇴직하고 처음으로, 해야만 하는 일을 하지 않았다.

나는 퇴직하고 처음으로, 아내와 집 앞 버스정류장에 앉아 햇살과 바람결을 느꼈다.

나는 퇴직하고 처음으로, 소소한 일상에서 행복감을 느꼈다.

이 밖에도, 나는 퇴직하고 처음으로 해본 것이 너무나 많다.

그래도 아직 못해본 것이 더 많다.

아직 해보지 못한 소소한 것들을 즐기며 추억 쌓기를 하는 것, '퇴직 후 처음으로, ○○를 해봤다'를 시작해보면 어떨까.

다른 누구도 아닌, 바로 나 자신에게 재미있고 의미 있는 것으로!

***

시간,
하릴없이 보내는

시간은 누구에게나 공평하지만 누구에게도 똑같지 않다

*

인생 1막에서 가장 갖고 싶었던 것,
뭐가를 하고 싶어도 이것이 없어서 못했던 것,
인생 2막에서 너무 많아서 고민인 것,
어떻게 할 수 없을 만큼 넘쳐나는 것.
인생 1막과 인생 2막의 이 두 수수께끼의 공통점은 무엇일까?
바로 "시간"이다.

예전에는 하고 싶은 일이 있어도 시간이 없어서 못했고,
가족과 함께하고 싶어도 시간이 없어서 못했다.
오죽하면 먹고 죽을 시간도 없다고 했을까.

퇴직하고 나서 백양사에 단풍구경을 갔다. 울긋불긋 붉게 물든 단풍이 보고 또 보아도 장관이었다. 함께한 누나에게 물었다.

"누나, 예전에도 이 단풍나무는 여기에 있었겠지. 그런데 왜 보지 못했을까?"

아마도, 과거에는 목적지를 향해서 돌진하듯 다녀와서 주변을 보지 못했을 것이다.

도대체 뭐가 그리 바빴을까.

얼마 전 퇴직한 후배가 찾아왔다. 뭐하고 지내느냐고 물었더니, 하루는 자전거를 타고, 하루는 산에 오른다고 했다.

왜 자전거를 타고, 등산을 다니느냐고 되물었더니, 그저 할일이 없어서 그렇단다. 시간은 너무 많은데…….

"자세히 보아야 예쁘다. 오래보아야 사랑스럽다. 너도 그렇다."

나태주 시인이 쓴 〈풀꽃〉의 시구처럼, 늘 자세히 보지도 못했고 오래 보지도 못했다. 그러니까 예쁘고 사랑스러운 것을 모르고 살았던 것이다.

그저 시간이 없다는 핑계로.

그런데 퇴직하자마자 시간들이 해일처럼 몰려왔다. 주체할 수 없을 만큼 말이다. 세상 모든 것이 그런가 보다. 없을 때는 소중하게 느껴지는데 막상 갖게 되면 귀찮아지기도 한다.

그토록 갖고 싶었던, 그토록 필요했던 시간인데.

이렇게, 퇴직하고 나면 가장 늘어나는 것이 시간이다.

그런데 우리는 시간을 활용하기가 힘들다. 시간을 자기 주도적으로 관리하지 못하니까 하릴없이 시간을 보내게 된다.

치열하게 사느라 시간개념이 무뎌졌을까? 앞만 보고 달려오느라, 시간을 어떻게 보내야 할지 미리미리 생각해본 경험이 많지 않다. 시간 자체를 여유롭게 인식한 적이 없었기 때문인지도 모른다.

남은 40년을 이렇게 하릴없이 보낼 수 있을까?

우리는 30년동안 일할 준비를 해서, 인생 1막 30년 동안 일했다. 그리고 퇴직했는데, 아직도 40년이 더 남은 것이다. 인생 1막보다도 더 긴 시간이 남았고, 기대수명은 점점 더 증가하고 있다. 인생 2막의 시간은 우리가 예상하는 것보다 더 늘어날지도 모른다.

비현실적인 구호처럼 느껴지던 '100세 시대'가 이제는 당연한 현실이 되어간다.

350만~400만 시간! 여전히 우리 앞에 남은 평균적인 시간이다.

시작은 같아도 끝은 다르다.

시간은 누구에게나 공평하게 주어졌다.

어떻게 쓰느냐는 각자의 몫이다.

***

중년도
아프다

내가 가장 위로하고 돌봐야 할 사람은, 바로 나

*

몇 해 전 《아프니까 청춘이다》라는 책을 읽은 적이 있다.

이 책에서 "불안하니까 청춘이다. 막막하니까 청춘이다. 외로우니까 청춘이다. 그러니까 청춘이다"라고 했다. 청춘에게 던진 이 메시지는 시대를 힘들게 살아가는 청년들에게 위로가 돼주었다.

그런데 이 시대의 중년들도 마찬가지 아닌가?

사는 게 너무 힘들고, 불안하고, 막막하고, 외롭고, 괴롭다고 한다.

얼마 전, 탁구를 배운다는 후배가 들려준 얘기다.

레슨 선생님은 60대 중반. 그 나이에 저녁 6시부터 11시까지 묵묵히, 열심히 가르친다.

한 사람과 15분씩 계속 탁구공을 주고받는데, 그 15분 레슨을 받고 나면 진땀이 나고 힘들다. 그런데 선생님은 다섯시간 내내 쉼 없이 학생들을 바꿔가며 레슨을 반복한다.

며칠 전 그 선생님이 어렵게 자신의 얘기를 꺼냈다고 한다.

원래 조상으로부터 물려받은 논밭도 있었다고 했다. 신도시가 개발되면서 논밭을 팔아 자식 둘을 대학까지 졸업시키고 결혼시켰다.

고생 끝, 행복 시작. 정말로 고생 끝난 줄 알았다고 한다.

그런데 자식이 사업한다고 마지막 남은 집까지 담보로 대출을 받는 바람에, 이자 갚느라 등골이 휠 지경이라고 했다. 다 큰 자식 빚 갚아주느라, 사는 게 너무 힘들다고 신세한탄이다. 논밭을 팔지 않고 그냥 둔 친구들은 지금 돈 걱정 없이 잘산다며, '자식이 웬수'라는 말.

그 얘길 듣고 나니 마음이 너무 아팠다.

얼마 전에는 부부 모임에 갔다가, 시어머니 부양하느라 많이 힘들다는 지인의 얘기를 들었다. 자기도 이제 환갑이 됐는데, 시집와서 지금까지 30년을 시어머니를 모시고 산단다. 그렇게 사는 것이 며느리 도리라고 생각했으니까.

그런데 최근 치매에 걸린 시어머니가 자기에게 너무 함부로 하니까 부쩍 힘들다는 이야기였다. 세월이 지날수록 자신의 삶이 허망하게 느껴진다며.

마음이 짠하다.

우리 아내도 그동안 시어머니와 어머니를 부양하느라 얼마나 힘들었을까. 지금은 세상을 떠나신 두 분 모습이 아련히 떠오른다.

100세 시대, 중년의 삶은 이렇게 많이 힘들다. 그뿐인가. 그동안 자신의 몸과 마음도 함부로 다뤘다. 그래서 지칠 대로 지쳐 더 힘들다.

하버드대학을 거쳐 토론토대학에서 강의 중인 조던 피터슨 교수의 책 《12가지 인생의 법칙》에서 하나의 메시지가 가슴에 와 닿는다.

"당신 자신을, 도와주어야 할 사람처럼 대하라."

중년도 많이 아프다.

지금 무엇보다 중요한 것은 누구보다 나 자신을 위로하고 돌보는 것이다.

***

특별한
여행

집과 회사를 벗어나 색다른 경험으로

*

아내와 딸과 함께 여행을 떠났다. 새벽 5시, 동도 트기 전이다.

지하철을 타고 서울역 광장에 도착했다. 후배 부부를 만났다.

관광버스에 오르니 45인승 버스가 꽉 찼다.

버스 안에 남성이라곤 나를 포함해 단 세명뿐이다. 왠지 낯설다.

이런 여행은 처음이다. 우리의 여행지는 구례 산수유 마을. 많은 사람들이 서로 이미 아는 사이인지, 연신 반갑게 인사를 나눈다.

버스 출발 전에 식판을 나눠주고 간단한 아침식사도 나눠준다.

식비는 지불한 여행비에 포함되어 있단다.

그리고 먼 길을 달려 산수유 마을에 도착했지만, 너무 일러서인지 산수유는 좀체 보이지 않았다. 그 길로 광양 매화 축제에 들렀다.

서울에 도착하니 늦은 밤 9시다.

당일치기로 그 먼 길을 다녀왔다.

동행한 여행객들이 버스 안에서 나한테 이것저것 질문을 많이 했다.

"춘천 유원지에 바지 한쪽씩 걷고 다니는 사람들 봤습니까?"

"그런 사람들 뭘 의미하는지 아나요?"

"……."

그러나 나는 회사와 집 말고는 바깥세상을 제대로 경험한 적도 없다. 게다가 유행어와 은어가 많이 사용되니 도대체 알아들을 수가 없다.

그들은 결국 나 대신 우리 딸에게 묻는다.

"아버지 뭐하셔? 통 못 알아들으시네. 회사 안에만 계셨나 봐."

웃으며 나지막이 말하지만 내 귀에는 너무나 똑똑히 들려온다.

얼굴이 화끈거렸다.

어쨌든 내겐 아주 특별하고 색다른 여행이었다.

손쉽게 가고 싶은 여행지를 다녀왔다. 경비도 아주 효율적이었다. 무엇보다 좋았던 것은 서로의 간섭 없이 다닐 수 있다는 것이었다.

조직생활을 할 때는 많은 사람들이 공동의 목표를 위해 서로 경쟁하고 또 협력해야 했다. 그러나 이곳에서는 공동의 목표는 있지만 경쟁도, 협력도 없다. 한없이 자유롭다.

뭐가 그리 바빴는지, 아내와 약속했던 발칸반도 여행을 최근에서야 다녀왔다. 긴 시간 아내와 단 둘이서만 해외여행을 하는 것은 오랜만이다. 대부분 가족이나 친구들과 함께 다녔으니까.

물론 우리 둘만이 아니라 여행사 패키지로 갔다.

우리 일행은 총 30명이었다. 여행 내내 함께 다녔다. 함께 밥 먹고 버스 타고 여행하고… 그런데 내 눈에 가장 특이한 일행은 40대 후반 네명의 여자 친구들 그룹이었다.

'저 나이에 어떻게 친구들끼리만? 아이들은? 남편은…?'

그들은 마냥 즐겁기만 하다. 이상하게 느껴졌다.

시간이 지나면서 나는 아내에게 미안한 생각이 들었다.

힘든 인생 1막, 저렇게 친구들하고 보낼 수 있는 휴가 한번 주지 못한 것이.

잠시 가족을 내려놓고 자신만의 시간을 가질 수 있도록 해줬어야 했는데….

늦었지만, 이제야 깨달았다.

이런 여행들을 통해서 색다른 경험을 하게 된 것이다.

인생 2막은 이런 네트워크도 괜찮은 것 같다. 모처럼 낯선 사람들과 함께 자유로운 특별한 여행을 했다.

행복한 시간이었다.

인생 1막, 최선을 다한 자신을 위해 이런 색다른 경험을 해보면 어떨까?

***

1956년생
김영수

베이비부머, 5060세대, 50플러스, 신중년, 젊은 어른…

*

전라도 광주에 아내와 함께 강의 여행을 갔다. 더 정확히 말하면 강의를 이유로 여행을 떠난 것인지도 모르겠다.

광주 송정리역 근처, 요즘 인기 좋다는 1913 송정역 시장에 들렀다. 그 근처 맛집이라는 떡갈비 집에서 점심도 먹을 겸. 시장 한 켠에 자리 잡은 서점에 들려 이리저리 둘러보는데 눈에 들어오는 책이 있었다. 《82년생 김지영》.

인터넷에서 검색해봤다. 1982년생들의 삶에 관한 이야기였다. 김지영은 1982년도에 태어난 여성 중 출생신고가 가장 많이 된 이름이란다.

강의를 마치고 집으로 돌아오는 KTX에서 우리는 그 책에 대해서 이야기를 나눴다.

갑자기 아내가 말했다.

"여보 당신도 책 한 권 써봐요. 베이비부머들의 삶에 관해서."

"갑자기 무슨 책이요?"

"당신 나이에 태어난 남성 중 출생신고가 가장 많이 된 이름은 뭘까……."

아내가 한참을 검색하더니 덧붙였다. "김영수. 56년생 김영수. '인생 2막 어떻게 살 것인가.' 좋다, 책 제목으로!"

아내의 눈빛에, 내가 꼭 책을 쓰지 않으면 안 될 것 같았다.

'56년생 김영수'는 베이비부머 1세대다.

또 다른 별명은 신 노년, 낀 세대, 쉰 세대, 신중년, 그리고 '젊은 어른'이다. 그들은 지금 인생 1막의 주된 일자리에서 떠밀려 퇴직을 하고, 경험하지 못한 낯선 세상으로 쏟아져 나오고 있다. 마치 깨진 어항 밖으로 튕겨 나와 맨땅 위에서 허우적거리는 물고기처럼.

그들은 준비되지 못한 채로 인생 2막을 맞이하고 있다.

갑작스런 퇴직으로, 돈 문제뿐만 아니라 외로움 등 일상생활에서 많은 좌절감과 스트레스에 시달리고 있다. 그 뿐인가. 퇴직 후에도 자신의 노후, 부모부양, 자식부양 등 3중고에 시달리고 있다. 설상가상으로, 100세 시대가 성큼성큼 우리에게 다가오고 있다. 이제 평균수명 81세인 고령화 사회. 이로 인해 장수 리스크, 건강 리스크까지 더 커지고 있다. 엎친 데 덮친 격이다.

준비된 장수는 축복이지만, 준비하지 못하면 재앙이라고. 그들은 지금 아우성이다.

인생 2막
어떻게 살 것인가

퇴직, 끝이 아닌 다른 시작

회사인간에서
사회인으로

"가족은 조직 구성원이 아닙니다"

*

"여보, 우리 가족들을 조직 구성원으로 생각하지 마세요."

아내가 나지막이 들려준 이 한마디. 나는 머리를 한 대 세게 얻어맞은 기분이었다.

그러니까, 퇴직 후 한두 달 지났을 때 일이었을 게다. 그날도 평생 몸에 밴 규칙적인 삶이 발동한 탓에, 성인이 된 아들에게 밥상머리 잔소리를 하던 중이었다.

"우리 아침식사 시간을 정해서 제때 먹자. 저녁에는 서로 기다리지 않도록 늦으면 늦는다고 미리 연락하자. 약속은 반드시 지키자……." 등등.

나는 쉼 없이 말하고 아들은 건성으로 "네, 네"라고만 대꾸한다.

나는 평생 아침형 인간으로 살았다. 회사에 출근하기 전, 그 시간만이 오롯이 나를 위한 시간이었다. 새벽 6시면 어김없이 집을 나갔다. 그리고 건강관리를 위해 회사 근처에서 운동을 했다. 그러니 아침 늦게까지 자고 있는 아들을 보면 어떤 심정이었겠는가.

사실 아들은 나와 다른 라이프스타일로 살 수밖에 없었다. 해외를 상대로 비즈니스를 하기 때문에 시차로 인해 새벽까지 일을 해야 했다. 아들은 어쩔 수 없이 저녁형 인간인 셈이다.

나와 완전히 다른.

"우리를 조직 구성원으로 생각하지 마세요"라고 아내가 내게 한 말은, 내 잔소리를 듣다못해, 아들의 삶이 나와 다른데 나와 같은 라이프스타일로 살라고 강요하지 말라는 뜻이다.

틀린 말이 아니었다.

퇴직한 사람들이 고생하는 가장 큰 이유는, 내가 그랬던 것처럼 과거의 덫, 과거의 프레임에 갇혀 살기 때문이 아닐까. 그 프레임으로 세상을 보고 판단하기 때문이다.

인생 1막의 삶은 꿈도, 비전도, 목표도 같은 사람들이 함께 조직에 모여 일궈가는 것이다. 조직에서 정해진 가치와 목표, 규칙을 지키며 살아가면 된다.

그러나 인생 2막은 다르지 않은가.

가족들은 꿈도 목표도 서로 다르다. 다양한 가치를 가지고 있다. 라이프스타일도 다르다. 그래서 서로를 존중하지 않으면 갈등의 원인이 된다.

어떻게 하면 그 프레임, 수십 년 습관으로 굳어버린 '회사인간'에서 빠져나올 수 있을까.

이제 사회인으로 다시 태어나야 하는데, 처음에는 참 쉽지 않은 일이었다.

고민하고 있는 내게 아내가 팁을 건넨다.

"여보, 그냥 못 본 척하세요. 당신이 리더십 강의할 때 얘기하던 대로 그냥 믿고 맡겨두세요. 알아서 잘할 거예요."

하지만 그러기가 어디 쉬운 일인가. 엄연히 나의 인생 1막 경험이 있는데. 아들의 코치가 되어 나보다 더 나은 삶을 살게 해주고 싶은 내 잘못된 욕심이 나를 더 괴롭힌다. 그래서 나도 모르게 참견하고 잔소리하고 있는 것일 게다. 평화로운 식탁에서 새삼 갈등을 일으키며.

퇴직 후 가장 먼저 변해야 할 것. 그것은 바로, 회사인간에서 사회인으로 거듭나는 것이다. 새들이 오랫동안 보금자리가 되어준 알을 깨고 나와야 하듯 엄청난 고통이 따르겠지만.

***

得, 그리고 失

잃어버린 것보다 소중한 것을 더 많이 얻다

*

인생 제2막을 준비하는 5060세대에게 질문했다.

퇴직 후 무엇을 잃어버렸나요?

내 질문이 끝나자마자 모두들 순식간에 그 잃어버린 것들로 백지를 가득 채웠다.

월급, 직장, 권력, 명예, 인맥, 명함, 직책, 경력, 보람 등.

그동안 고생해서 쌓아놓은 모든 것을 잃어버렸단다. 합창하듯 아우성이다.

어떤 사람은 아내, 자식 등 가족을 잃어버렸다고 한다. 친구도 잃어버렸단다. 퇴직한 충격으로 불안감을 느끼고 우울하다고 한다. 모든 것을 잃어버렸다는 상실감에 공포감, 자책감, 자괴감까지 밀려온다고 한다.

인생 1막에서 직장과 일에 모든 것을 쏟아부었는데, 직장을 중심으로 만들어진 그 모든 것이 한순간 소멸됐다는 것이다.

조금씩 표현이나 어감의 차이는 있겠지만, 대부분 공감하지 않을까?

물론 그것들을 잃어버리지 않기 위해 여전히 몸부림치듯 부여잡고 있는 사람도 있겠지만.

이번에는 반대되는 질문을 던져보았다.

그렇다면 퇴직하고 난 다음 무엇을 얻었나요?

시간이 제법 걸린다. 모두들 한참을 망설이다가 겨우 몇 개씩 채웠다.

시간, 자유, 취미생활, 가족……. 그러고는 별로 없다고 한다.

이것들이야말로 삶의 궁극적인 목표이자 행복의 원천이 아닐까.

인생 2막에 이르러야 비로소 우리가 인생 1막에 그토록 갈망했지만 얻지 못했던 소중한 것을 갖게 된 것이다.

이 소중한 것들을 얻기 위해 인생 1막을 얼마나 치열하게 살아냈던가.

일 말고도 하고 싶은 것이 많았지만 늘 부족했던 시간,

마음 내키는 대로 마음 가는 대로 살고 싶었던 자유,

그리고 가족과 함께하는 행복을 이제야 갖게 된 것이 아닌가.

인생 2막의 문을 열기 전, 지금 내가 갖게 된 것들이 얼마나 소중한지 올바르게 인식하는 게 더 중요하다.

우리는 시간의 노예처럼, 시간의 지배를 받으며 살아왔다. 너

무 오랫동안 시간에 종속되어 살다 보니, 시간이 우리를 놓아준다는데도 이제는 그 시간을 다룰 줄 몰라 힘들어한다. 그리고 간섭과 통제를 받다가 갑자기 자유를 얻으니 스스로 버거워하고 있다.

이제야 팔을 벌려준 시간을 부디 잘 사용하자.

나는 퇴직하고 나서 그동안 전혀 경험하지 못했던, 일상의 소소한 행복을 얻었다.

집으로 돌아온 지 3일 후, 아내와 함께 점심식사를 한 뒤 두꺼운 점퍼를 걸쳐 입고 아파트 주변 산책길을 나섰다.

12월 말, 오후 2시.

버스정류장 벤치가 보였다. 잠시 앉았다. 이 시간에 아내와 함께라니, 이런 경험은 처음이다.

바람결이 귓전을 스치고 지나간다. 햇살이 귓불을 간질인다. 저 멀리 새 몇 마리가 떼 지어 춤을 추며 지난다.

바람결, 햇살이 이런 느낌이었구나! 언제부터 이런 느낌이었을까?

왜 그동안 몰랐을까?

가슴 저미게 행복했다. 이런 행복을 왜 이제야 느끼게 되었을까?

나는 인생 2막을 맞아 귀중한 '3有'를 갖게 됐다. 그 3有는 "자유(自由), 여유(餘裕), 사유(思惟)"다.

내 맘대로 살 수 있는 자유를 만났다.

강박감 없이 시간에 쫓기지 않고 살 수 있는 여유가 생겼다.

늘 생각할 틈도 없이 살았는데 이제는 두루두루 사유(思惟)를 즐긴다.

마음으로 생각하고 느낀다.

이 세 가지를 모두 다 가졌으니 얼마나 행복한가?

퇴직 후 얻은 가장 소중한 자산이다.

우리는 퇴직 후 모든 것을 잃어버렸다고 생각하는데, 사실은 우리가 간절히 원했던 많은 것을 가질 수 있는 때가 오지 않았는가?

잃어버린 것보다 소중한 것을 더 많이 얻었다.

그런데 우리는 왜 소중하게 생각하지 못할까.

인생 2막을 맞을 준비는 이 행복을 받아들이면서 시작해야 한다.

***

인생 2막
어떻게 살 것인가

퇴직, 끝이 아닌 다른 시작

봄이 온다

퇴직은 인생의 겨울이 아니라 새봄의 시작

*

"기다리지 않아도 오고, 기다림마저 잃었을 때에도 너는 온다."

예전에 읽었던 '봄'이라는 시구가 떠오른다. 어려운 고비가 있어도 반드시 돌아오는 봄.

어젯밤 박유진 작가로부터 불광천 벚꽃 사진을 받았다. 그곳 벚꽃이 그렇게 예쁜 줄 예전에는 몰랐다. 꽃이 지기 전에 한번 보러 가야겠다. 우리 아파트 길목에도 쥐 죽은 듯 겨울을 보내던 나무에 어느새 벚꽃이 흐드러지게 기지개를 켰다.

길거리를 거닐며 예쁜 꽃을 볼 때 마다 아내는 해맑은 눈동자로 소녀처럼 호기심 어린 질문을 던진다.

"저 꽃이 피기까지 겨우내 땅속에서는 무슨 일이 일어났을까?"

아마도 저 꽃을 피우기 위해 한겨울 내내 쉼 없이 노력했겠지.

그랬을 것이다.

어제 TV에서는 평양에서 열린 남북협력 공연 '봄이 온다'를 중계했다.

세계 유일의 분단국, 그 나라의 접경(일산)에 살고 있는 내게는, 이런 장면이 더 의미 있게 다가온다. 남북한 관계가 지금처럼 늘 봄날이었으면 좋겠다.

봄은 우리에게 설렘과 희망을 주니까.

"엄동설한, 한겨울같이 꽁꽁 얼어붙은 마음입니다."

어제는 지난해 공무원으로 재직하다가 정년퇴직을 한 후배를 만났다.

평생 일만 하다가 세상 밖으로 나와 보니 달라도 너무 다르단다. 그래서 불안하고 우울하단다.

"누구나 퇴직하면 다 겪는 과정이야. 곧 적응하게 될 테니 걱정하지 마."

그렇게 위로했지만, 후배는 여전히 아픈가 보다.

100세 시대, 인생의 봄은 60대라고 한다.

어떤 마음으로 계절을 맞이하느냐가 더 중요하지 않을까.

마음의 봄, 그게 바로 행복한 삶이다.

마냥 기다리기만 한다고 마음의 봄이 찾아와줄까.

그 봄은 우리 스스로 맞이할 준비를 해야 찾아올 것이다.

***

인생 2막
어떻게 살 것인가

퇴직, 끝이 아닌 다른 시작

30년을 위한 새로운 선물,
지금 이 순간

머뭇거릴 시간이 어디 있는가?

*

우리는 지금, 자신에게 소중한 그 무엇과 함께하고 있을까?

《선물The Present》이라는 책에는 "세상에서 가장 소중한 선물은 과거도 아니고 미래도 아니다. 세상에서 가장 소중한 선물은 바로 현재의 순간, 바로 지금이다"라는 구절이 있다.

그렇다. 우리에게는 오늘, 바로 지금 이 순간이야말로 가장 소중하다.

얼마 전 봤던 한 드라마 속 대사가 생각난다.

"우리는 잡히지 않는 것을 잡기 위해 미친 듯이 살아온 건 아닐까? 그냥 주어진 오늘만 살자."

우리는 왜 지나온 과거에 집착하며 고통스러워하고, 오지도 않은 불확실한 미래에 불안해하며 힘든 삶을 살고 있을까.

세상은 이제 '100세 시대'라고 난리다. 마치 모두 다 100세까지 살 것처럼.

강의 도중 수강생들에게 지금 소중한 것과 함께하고 있냐고 물으면 곤란한 표정이다. 아마도 그렇지 않다는 의미일 것이다.

인생 2막, 중요한 것이 뭔지 생각해보지도 않고, 생각했다 해도 지금 이 순간 그 소중한 것과 함께하지 않는다.

예전에 읽었던 《창문 넘어 도망친 100세 노인》이라는 책이 떠오른다. 자신의 100세 축하연 준비가 한창인 양로원 창문을 뛰어내려 모험을 떠나는 노인의 이야기가 인상 깊었다. 우리는 그 노인 나이의 반만 돼도 벌써 저마다 만들어버린 감옥 같은 수렁에 빠져 힘들어 하는데, 인생을 살 만큼 살고도 남은 100세 노인은 가장 소중한 것을 찾아 떠난 것이다. 노인의 이야기는 나에게 큰 울림을 줬다.

그래도 자신의 100세 축하를 위해 준비하고 있는 축하연은 마치고 떠나야 하지 않았을까, 부질없는 생각을 보태본다.

나이 60세, 확률적으로 보면 건강하게 살 수 있는 시간이 10여 년밖에 남지 않았다. 물론 사람마다 노력 여하에 따라 다르겠지만, 통계적으로 평균 건강수명이 71세라니까. 그렇다면 지금 이 순간, 저마다 소중한 것들과 함께하고 있어야 하지 않을까.

그런데 지금 우리가 머뭇거릴 시간이 어디 있는가?

지금 이 순간을 흘려보내지 말고 온전히 즐기자. 다시는 돌아오지 않을 테니까.

미루지 말자. 건강이든, 가족이든, 하고 싶은 일이든, 취미 생활이든, 또 다른 무엇이든…….

소중해서, 그래서 더욱 함부로 시작할 수 없다며 미루고 내팽개치고 마는 우를 범하지 말자. 반드시 후회할 테니까. 그리고 후회할 때면 이미 너무 늦어버렸을 테니까.

***

100세 시대,
일과 삶에 대한 생각

100세 시대

장수, 형벌이 아니라 선물이다

*

TV 드라마 속 주인공이 99세 어르신이다. 18세에 결혼해 36년간 살다 아내와 사별하고 재혼해서 다시 그 부부가 37년을 함께 살았다. 그리고 할아버지 혼자 산 지 8년째. 드라마 속 할아버지의 삶을 통해 다시 한 번 깨달았다.

100세까지 산다는 것, 생각보다 참 길다 싶었다.

그런데, 지난해 소방 공무원들을 대상으로 하는 교육 과정에서 100세 시대와 인생 2막을 언급했더니 교육생 중 한 분이 말했다.

"저희에게 100세 시대는 먼 나라 얘기입니다."

소방공무원의 평균수명이 수많은 직업군 가운데 짧은 편이라고 한다. 안타까운 현실이다.

이렇게 더러 예외는 있지만 우리나라 고령화는 세계적으로도 유례없이 급속히 진행되고 있다. 평균수명 또한 나날이 늘어간다.

정부 통계에 따르면 우리나라 100세 이상 인구는 10년 사이 무려 8배나 증가했다고 한다.

어릴 적 기억을 떠올려보면, 겨우 60세를 장수의 상징으로 생각하고 성대하게 '환갑잔치'를 했는데, 지금은 보기 드문 풍경이다. 요즘 60세는 장년도 노년도 아니라 신중년이라 부른다.

정부 통계에서도 평균수명의 변화를 잘 알 수 있다. 1957년 52세, 1981년 66세, 2000년 75세, 2017년 81세로 평균수명이 대폭 상승했다.

정부 통계를 통해 100세 시대 우리나라 사람들의 인생 곡선을 더 자세히 살펴볼 수 있다.

체감 퇴직 연령은 49세다.

'체감.'

그러니까 인생 1막의 주된 일자리에서 이제 그만둬야 할 때인가라고 스스로 고민하는 시기를 의미한다. 그리고 평균 50대 중반에 퇴직한다.

물론 정년퇴직이 보장되는 곳도 있겠지만 그렇지 못한 직장이 훨씬 더 많을 것이다. 정년퇴직도 많은 사람들이 자신의 의지와 상관없이 비자발적으로 직장을 떠난다. 그리고 현실과 다르게 은퇴했다고 생각한다. 퇴직한 뒤 조금만 지나면 그렇지 않다는 사실을 깨닫게 되지만 말이다.

아마도 우리가 퇴직과 은퇴의 개념을 정확히 구분해서 사용하지 않기 때문일 것이다. 사회보장제도가 잘 갖춰진 나라는 퇴직하면 연금으로 여유로운 삶을 살 수 있으니 퇴직하면 곧 은퇴를 떠올리지만, 우리는 아직은 이른 감이 있다. 그러니 더더욱 '갑작스럽다.' 많은 사람들이 정년퇴직을 하고 나서도 은퇴하지 못하고, 73세까지 일하고 은퇴한다고 한다.

이렇게 100세 시대는 급속히 다가왔는데, 사회적 환경은 더 척박하기만 하다.

평균연령 70세 시대에는 30년 준비해서 30년 활동하고, 10년간만 노후를 보내면 됐는데, 이제 100세 시대에는 30년 준비해서 30년 활동하고, 40년이나 더 노후생활을 해야 한다.

인생 1막이 끝난 뒤 자신에게 주어진 남은 삶을 어떻게 살 것인가?

의미 없이 시간 보내며 그럭저럭 살 것인지, 아니면 하고 싶은 것을 하며 의미 있고 즐거운 삶을 살 것인지 선택해야 한다.

최근 정부도 고령화 사회 100세 시대를 맞아 5060세대를 신중년이라 칭하고, 신중년을 위한 '인생 3모작' 계획을 발표했다. 1모작은 주된 일자리에서, 2모작은 재취업 일자리를 통해, 3모작은 사회공헌 일자리 모델을 제시한 것이다.

100세 시대는 성큼성큼 다가오고 있다.
인생 2막을 어떻게 살 것인가?
남은 시간은 형벌이 아니라 선물이다.
더하기 30년, 우리에게 주어진 보너스를 잘 준비하자.
이제부터 어쩌면 내가 진정으로 원하는 삶을 살 수 있지 않을까?
모든 것은 우리의 마음가짐과 선택에 달려 있다.

***

인생 2막
어떻게 살 것인가

퇴직, 끝이 아닌 다른 시작

인생의 보너스

서드에이지Third Age, 전성기를 만끽하자

*

"우리의 인생 한복판에 위치한 미지의 광활한 시간 마흔 이후 30년, 그곳이 바로 엄청난 잠재력을 지닌 서드에이지이다. 중년의 주사위는 이미 던져진 것이 아니다. 지금 그곳에서 던져야 하는 것이다."

《서드에이지, 마흔 이후 30년》의 저자 윌리엄 새들러가 말했다.

윌리엄 새들러는 우리의 인생이 네 개의 S자형 곡선을 겪게 된다고 했다.

제1연령기는 태어나서 학창 시절까지 학습을 통해 성장하는 시기다.

제2연령기는 일과 가정을 위한 단계로, 2, 30대 시기를 말한다.

제3연령기는 네 단계 중에서 가장 긴 단계인 40에서 70대까지이다. 새로운 성장, 우리가 그토록 갈망하는 자아실현을 추구해

나가는 시기다.

제4연령기는 성공적 노화의 단계로 최대한 오래 살다가 젊게 죽는 것이 목표라 했다.

나는 농구 경기를 좋아한다. 윌리엄 새들러가 인생을 네 개의 S자 곡선으로 설명한 것은 어쩌면 농구 경기와 닮았다는 생각이 든다. 농구 경기는 총 4쿼터로 운영되는데, 1, 2쿼터가 끝나고 작전타임을 한 다음 3, 4쿼터를 진행한다.

제3연령기는 농구 경기의 3쿼터가 아닐까. 이제 인생 1막이 끝나고 인생 2막이 시작된다.

과거 70세 시대에는 제1연령기에 학습을 하고, 제2연령기에 일과 가정을 위해 살다가 제3연령기 없이 곧바로 제4연령기를 맞이했다. 이제 100세 시대, 제3연령기인 30년을 더하게 된 것이다.

30년의 인생 보너스, 어떻게 활용할 것인가?

"나와 함께 나이 들어가자! 가장 좋은 때는 아직 오지 않았다. 인생의 후반, 그것을 위해 인생의 전반이 존재하나니."

로버트 브라우닝의 시구가 떠오른다.

우리 주변의 많은 5060세대들이 저마다 자신의 성장을 위해 도전해나가고 있다.

어릴 적, 제1연령기 성장과는 다른 새로운 성장을 위해서.

윌리엄 새들러는 마흔 이후 인생의 새로운 성장을 위한 6가지 원칙을 제시했다.

1. 중년의 정체성 확립하기, 2. 일과 여가 활동의 조화, 3. 자신에 대한 배려와 타인에 대한 배려의 조화, 4. 용감한 현실주의와 낙관주의의 조화, 5. 진지한 성찰과 과감한 실행의 조화, 6. 개인의 자유와 타인과의 친밀한 관계의 조화 등이다.

얼마 전 2018 평창 동계올림픽에서 이상화 선수가 인터뷰했던 기사가 울림을 줬다.

"전 100점짜리 스케이터예요. 저는 너무나 수고했고 멀고 긴 여정도 잘 참아냈으니까요."

그렇다. 우리도 모두 각자 최선을 다해 100점짜리 인생 1막을 살지 않았는가?

가장으로서, 아버지와 어머니로서, 아들과 딸로서, 남편과 아내로서, 직장인, 사회인으로서……. 저마다 주어진 역할에 최선을 다하며 살았다.

우리 앞에 다가온 인생 2막, 허송세월하지 말고 인생의 전성기를 펼쳐보자. 인생 1막에 대한 자부심과 자긍심, 그리고 새들러가 제시한 6가지 원칙을 실천하며.

***

인생 2막으로의 여행

비로소 진정한 여행의 시작이다

*

"어쩌면 50년을 더 살아야 할지 모르잖아요. 어떻게 살아야 하는 거예요, 선배? 살아온 시간처럼, 인생 2막도 쳇바퀴 돌리듯 살고 싶지는 않은데."

직장을 10여 년 다니다가 일찍 그만두고 사업해서 나름 돈을 벌었다는 후배. 이제 자신의 삶을 살고 싶다며 마음을 털어놓는다. 찻잔 너머 후배의 얼굴에는 근심이 가득하다.

맞다. 이제 우리는 퇴직을 해도 살아온 시간만큼 더 살아야 하지 않는가?

100세 시대, 인생 2막을 맞이하는 우리에게 필요한 것은 무엇일까?

후배는 이미도 돈으로 살 수 없는 그 무엇인가를 갈망하고 있는 것일테다.

사람은 자신에게 의미 있고 재미있는 일을 누군가와 함께할 때 가장 행복하다고 한다. 함께 수다 떨고, 맛집에 가서 맛있는 음식 먹고, 산책하고, 새로운 경험을 하는 소소한 일상에서 행복을 느낀다고 한다. 이런 행복의 요소를 모두 갖춘 것이 바로 여행이다. 그래서 여행이야말로 행복을 배달하는 종합선물 세트라고도 한다.

인생 2막, 일상을 여행처럼 살 수 있다면 얼마나 좋을까.

나는 후배에게 말했다.

"그래, 지금부터 인생 2막으로의 여행을 준비해봐. 자신이 꿈꾸는, 가슴 뛰는 인생 2막의 무대를 맞이할 준비를. 아마도 그건 지금까지 경험해보지 못한, 낯설지만 진정한 여행길이 되겠지."

꾸깃꾸깃 접어서 지갑에 넣어두고 가끔씩 꺼내 보는, 나짐 히크메트의 〈진정한 여행〉이라는 시를 후배에게 선물로 전했다.

가장 훌륭한 시는 아직 쓰이지 않았다.
가장 아름다운 노래는 아직 불리지 않았다.
최고의 날들은 아직 살지 않은 날들.
가장 넓은 바다는 아직 항해되지 않았고,
가장 먼 여행은 아직 끝나지 않았다.
어느 길로 가야할지 더 이상 알 수 없을 때,
그때가 비로소 진정한 여행의 시작이다.

가끔씩 사람들은 내게 묻는다.

인생 2막을 어떻게 살아야 행복하게 살 수 있느냐고. 하지만 내가 어떻게 그 정답을 알 수 있겠는가? 우리는 모두 각자 너무나 다르고, 다른 삶을 살아왔고, 다른 삶을 살아갈텐데 말이다.

그 정답은 우리 각자의 가슴 깊은 곳에 숨겨져 있을 것이다. 이제 하나둘 꺼내볼 때가 되었다.

'우리에게 최고의 날들은 아직 살지 않은 날들'이라는 시구는 늘 내 가슴을 뛰게 만든다. 그래, 우리에게는 살아온 만큼의 시간이 기다리고 있지 않은가.

제발, 쳇바퀴 도는 일상에서 허송세월하지 말자.

진정한 나를 찾아 낯선 여행길에 올라보자.

기나긴 100세 시대, 설렘 가득한 인생 2막으로의 여행을.

***

끝이 아니라
길을 보라

경주마처럼 달려온 30여 년, 거북이처럼 걸어갈 30여 년

*

언제나 앞만 보고 뛰었다.

콩나물시루 같은 교실에서 치열한 경쟁을 뚫고 직장인이 되었다.

땀 흘려 일하고 한 푼 두 푼 모아 겨우겨우 아파트 한 채를 마련했다. 그때 그 희열은 지금도 잊을 수가 없다. 그 뒤로는 아파트 사느라 낸 빚을 갚고 가족을 부양하느라 경주마처럼 30여 년을 달렸다.

그리고 이제 또 다른 삶의 변곡점에 서있다.

요즘 많은 학자들은 행복이라는 관점에서 소유보다 경험이 중요하다고들 말한다. 그런데 한국전쟁 이후 태어난 700만 베이비부머 세대 대부분은 이렇게 바쁘게 사느라, 삶의 과정에서 돈 버는 일 외에 다른 경험들을 만끽하지 못했다. 그리고 퇴직하고 나서야 비로소 낯선 곳에서 색다른 경험을 마주한다. 아무런 면역도 훈련도 없이 말이다.

퇴직 후의 행복한 삶을 위해 열심히 달려왔는데 행복이라는 실체를 찾을 수가 없다고 자각하고 아쉬워한다.

나는 누구인가? 내 삶에 내가 없다.

30년 만에 돌아온 집에는 그토록 애지중지했던 가족도 없고 텅 비어 있다.

많은 이들이 푸념 섞인 어조로 말한다. 열심히 돈 벌어 자식 키웠더니 아버지가 우리를 위해 해준 게 뭐가 있냐고 따진다고 한다. 나는 건물주가 꿈이니까 아버지가 더 열심히 일해서 건물주가 되라고 한다는 우스갯소리를 들으면 마음이 심란하단다.

그뿐인가? 아내들도 이제 나도 퇴직이라고 선언하며 이웃과 친구들과 어울리느라 바쁘고 집에 없다고 한다. 남편보다 친구들하고 노는 게 더 재미있다고 나가버린다고 한다. '빈집증후군'에 시달린다. 그 또한 남편들 책임이겠지만.

열심히 달려온 인생 1막, 베이비부머 세대 대부분은 건물도 없고 놀 줄도 모르고, 은행 빚 내서 산 집 한 채를 달랑 등에 지고 힘겹게 인생 2막을 맞이한다. 평생 성공과 가족만을 위해 쉼 없이 일했는데 퇴직하고 나니 허무함, 상실감, 자괴감이 엄습해온다고 한다.

"퇴직 후 가장 나빠지는 것이 부부 관계와 자식과의 관계다."

어느 날 50대를 대상으로 한 강의에서 이 조사 결과를 인용한 적이 있다.

그러자 누군가가 질문을 던졌다.

"교수님께서는 어떠셨습니까?"

"그래도 전 천만다행입니다. 퇴직한 뒤에 관계가 더 좋아졌거든요." 그랬더니 질문한 수강생이 고개를 갸우뚱한다.

믿기지 않는다는 뜻일까.

얼마 전 후배가 퇴직했다고 연락을 해왔다.

"선배님, 저 이제 어떻게 살면 좋을까요?"

퇴직한 지 이제 1주일. 첫 번째 경주가 이제 막 끝났는데, 곧바로 두 번째 경주를 시작할 태세다.

다급히 붙들었다. 잠시 아무것도 하지 말고 충분히 쉬라고 말해줬다.

헤어져 돌아가는 후배의 뒷모습에 조급함이 배어 있는 듯해 왠지 안쓰러웠다.

우리는 왜 그렇게, 30여 년을 쉬지 않고 앞만 보고 뛰었을까?

그런데도 왜, 그 열정에 비례하는 보람보다는 허망함이 자꾸만 엄습해오는 것일까?

다시 돌아갈 수도 없는 시절을 뒤돌아보며 말이다.

30여 년, 경주마처럼 살아온 베이비부머들, 참으로 대단한 사람들이다.

덕분에 지금 우리 사회가 존재하는 것 아닐까. 풍요롭게 발전하고 최첨단인 IT 국가로 우뚝 선 오늘이.

인생 2막으로의 길목에서 국가, 산업, 가족의 중심에서 늘 최선을 다했다는 자긍심과 자부심을 잃지 말아야 한다. 그 힘으로 인생 1막을 디딤돌 삼아 인생 2막을 시작해보자.

기억하자. 우리는 현재 우리나라와 지금 내 가족의 자부심이다. 이제는 그 어느 때보다 나 스스로의 자부심이 되어야 할 때다.

자존감을 세우자. 그건 바로 자신을 사랑하는 것이다.

그리고 천천히 인생 2막으로의 여행을 시작하자.

재빠른 경주마가 아닌 느릿한 거북이도 충분히 행복하고 멋진 삶을 보낼 수 있지 않을까?

나는 퇴직하고 나서부터는, 앞보다는 옆과 뒤를 보는 즐거움이 크다. 그래서 우리 아이들에게도 계속 이야기한다. 먼 곳에 있는 결과만을 위해 뛰지 말고, 살아가는 과정에서 희로애락을 경험하고 즐기며 살라고. 먼 곳만 보고 가다가 주변의 아름다움을 놓치는 실수를 범하지 말라고.

***

인생 2막
어떻게 살 것인가

퇴직, 끝이 아닌 다른 시작

감옥이
더 낫다니

외로움이라는 감옥에서 벗어나기

*

'일부러 죄짓는 일본 노인 증가.'

얼마 전 일본 노인이 감옥에 들어가기 위해 일부러 죄를 짓는다는 기사를 보았다. 마음이 아프다.

이렇게 사느니 차라리 감옥에서 사는 게 더 낫다는 이유다.

최근 노인들의 경범죄가 증가하고 있고, 수감자 5명 중 1명이 노인이라고 한다.

한 여성 수감자의 인터뷰 기사가 눈에 띈다. 교도소에서의 생활이 더 즐겁고, 외롭지 않다는 것이다. 이러한 고의적 범죄는 미국에서도 자주 일어나는 일이라고 한다.

얼마 전 시사프로그램에서 우리나라 쪽방촌 노인들의 삶을 보도했다.

그곳에 사는 노인들도 푸념 섞인 말을 내뱉었다.

"이렇게 사느니 차라리 감옥이 더 낫지……."

최근에는 독거노인 고독사 문제에 대한 뉴스를 가끔 접하게 된다. 돌봄 사각지대에 놓인 독거노인이 140만 명이나 된다. 이들은 가난하고 외롭다.

노인들뿐인가.

5060세대들도 퇴직 후 오갈 곳이 없다.

가진 시간은 많은데 시간을 다 쓸 수가 없다. 아내와 아이들은 저마다 할일이 있다고 나가서 혼자 지내기 일쑤다. 처음 한두 달은 친구도 만나고 바빴는데 얼마 지나지 않아 집에서 혼자 지내는 날이 많다. 가족들이 돌아와도 대화가 없으면 혼자나 다름없다. 처음에는 자유롭게 지내는 재미가 있었지만, 그것도 잠시 감옥에 갇혀 있는 거나 마찬가지란다.

왜일까.

그토록 갈망했던 자유로운 삶이 감옥과 같은 삶이 되어버렸다니. 신체적 자유를 구속하는 감옥살이도 힘들지만, 그보다도 정신적 자유를 구속하는 마음의 감옥살이가 우리를 더 괴롭힌다.

마음감옥에 갇히지 않으려면 긍정적인 삶의 태도가 중요하다.

자신을 가두지 말고 세상 밖으로 끌어내는 것.

그것이 제일 중요하다.

인생 2막, 적어도 사는 게 힘들어서 일부러 감옥을 가지는 말아야지.

인생 2막
어떻게 살 것인가

퇴직, 끝이 아닌 다른 시작

후회

해보고 후회할 수도 있지만 안 해보면 반드시 후회한다

*

인생 1막, 후회하지 않기 위해 최선을 다해 일했다.

그런데 퇴직 후, 항상 뭔지 모를 후회가 가슴 깊이 자리 잡고 있다. 대부분 사람들이 그렇다고 한다.

한평생 일밖에 모르고 살아온 탓일까.

《남자가 은퇴할 때 후회하는 스물다섯 가지》라는 책에서 베이비부머 세대 은퇴자들의 후회 목록 25가지를 소개했다.

얼마 전 강의에서 퇴직을 앞둔 수강생들에게 이 가운데 7가지씩을 선택하도록 했다. 그들이 가장 많이 공감하는 7가지는,

'내 몸을 조금 더 소중히 다뤘더라면, 악기 하나쯤 연주할 수 있었더라면, 아내와 함께 노는 기회를 놓치지 않았더라면, 평생 친구 3명쯤 만들어뒀더라면, 꿈을 담은 나만의 명함을 만들었더라면, 혼자 사는 기술을 익혔더라면, 그리고, 치열했던 그때부터 글

을 썼더라면' 등이었다.

나도 완전 공감했다. 그중에서도 마음에 와 닿은 부분은 '악기 하나쯤 연주할 수 있었더라면'이다.

우리 집에는 악기가 4개 있다.

퇴직 무렵, 제일 먼저 남자들의 로망인 '색소폰 배우기'를 선택했다.

얼마 지나지 않아서 포기.

이어서 기타를 배웠다. 역시나 곧 포기. 그리고 하모니카, 오카리나…….

그러나 아직 제대로 한 곡을 연주할 수 있는 악기는 없다. 악기 탓을 하며 악기만 계속 바꿨다. 끈기가 없어서일 것이다. 계속 꾸준히 배웠다면, 지금쯤 몇 곡은 멋지게 연주할 수 있는 아마추어 뮤지션이 됐을 텐데. 아쉽다.

다음은, '혼자 사는 기술을 익혔더라면'이다.

조직인으로서 우리, 더불어, 공동체의식 등, '우리' 속에서 함께 사는 데만 익숙했다. 인생 1막에는 혼자 산다는 것에 대해 생각해 보지 않았고, 미처 준비도 안 했다. 그래서 혼자서는 의식주 해결하기도 어렵다. 밖에서 '혼밥(혼자 밥먹기)', '혼놀(혼자 놀기)'하는 것도 아직은 좀 어색하다.

또 한 가지는, '치열했던 그때부터 글을 썼더라면'이다.

천신만고 끝에 이제야 글쓰기를 시작했다. 추억을 불러오고 힘들게 기억을 되살리며. 시작하는 게 마음만큼 쉽지 않았다.

퇴직을 앞둔 후배들에게, 들려주고 싶다.

후회, 뭐 그렇게 거창한 것이 아니라는 것을.

해본 것에 대해서는 절대 후회하지 않는다는 진리도.

그리고, 하고 싶은 것은 미루지 말고 지금 당장 하라고.

그래야 퇴직 후에 후회하지 않는다.

해보고 후회해도 늦지 않다. 해보면 어쨌든 시도는 해봤으니 후회가 적다. 그러나 해보지도 않고 남은 미련은 결국 평생 후회로 남기 마련이다.

***

경로석에서
어른수업

멋지게 나이 드는(Well-aging), 돈 안 드는 일상 훈련

*

"나잇값 하기 싫어 나이를 속이고 사네. 어른 노릇 하려면 나잇값을 해야지."

최근에 만난 후배가 내가 젊게 산다고 칭찬하기에 건넨 얘기다.

나도 나이가 들긴 했지만 어른 행세하기가 참 애매하다. 그래서 지하철을 타면 경로석(교통약자석) 바로 옆자리에 서서 경로석 선배들의 삶을 염탐하곤 한다. '어른수업'을 받으려고. 그곳이 어른 체험 학습장이니까.

12월 오후, 조용한 2호선 전철. 갑자기 경로석 쪽에서 큰소리가 들린다.

"내가 뭘 잘못했는데. 나이가 훈장이야? 당신들도 일반석에 앉잖아."

덩치 큰 젊은 친구가 70대로 보이는 어른한테 한참을 윽박지르며 험악한 말을 한다. 전철 안에 공포감이 맴돌았다. 젊은이 표정이 하도 험상궂어서 아무도 나서지 못한다.

경로석에 젊은 사람이 앉는 것을 본 어른이 "여긴 젊은 사람이 앉는 곳이 아니야."라고 한마디한 데 대한 불만의 표현이었다. 그 어른은 말 한마디에 호된 경험을 치렀다.

어제는 3호선 전철을 탔다. 60대 후반으로 보이는, 그러니까 젊은 어른이다. 그분이 70대 중반 정도로 보이는, 보다 더 나이 든 어른과 말싸움을 벌이고 있다. 그 60대가 앉아 있는 70대에게 '좁은 데서 다리를 꼬고 앉지 말라'라고 말한 게 화근이었다.

"젊은 사람이 왜 반말이야?" 70대가 소리친다.

"내가 언제 반말했어? 이 양반이 나이를 허투루 처먹었나?"

60대가 이번엔 정말로 반말을 내뱉으며 후다닥 내렸다. 분노를 참지 못한 나이 든 70대 어른이 뒤따라 내리고, 전철은 출발해버렸다.

(그 뒤로 어떻게 되었는지는 모른다.)

오늘은 경의선을 탔다. 이제 완연한 봄이다. 그래서인지 미세먼지가 뿌옇게 하늘을 뒤덮었는데도 벌써 봄나들이를 가는 상춘객들이 많다.

경의선은 문산에서 덕소, 용문까지 연결되어 지나는 역마다 관광지가 많다.

한껏 기분이 들뜬 어르신들이 경로석에서 왁자지껄하다.

어떤 분은 휴대용 CD플레이어에 구성진 옛 노래를 크게 틀어놓고, 흥얼흥얼거린다.

다른 승객들을 개의치 않는다. 나이 든 내가 봐도 너무 지나치다.

이런 경험을 할 때마다 일반석 쪽에서 힐끗힐끗 쳐다보는 젊은이들에게 민망하다. 어른들에게 배울 게 없다고 푸념하지 않겠는가.

늘 궁금했던 게 있다. 젊은이들이 자리를 양보해줄 때 어른들은 왜 고맙다는 인사를 잘 하지 않을까? 당연한 권리라고 생각하는 걸까. 물론 고마움을 표현하는 어른들도 있지만.

5060세대들이 퇴직할 때쯤에는 젊은 어른이 된다.

어른으로 살아가려면 어른으로 사는 공부를 하고 연습도 해야 하지 않을까?

나잇값을 제대로 하는 어른이 되기 위해, 멋지게 나이 드는(Well-aging) 연습이 필요하다.

다른 사람들을 존중하고 배려하는 연습.

젊은이들이 배울 게 있는 어른이 되도록 연습을 해야 한다.

그냥 어설픈 어른 행세를 하다 잘못하면 젊은 꼰대로 지탄받을 테니까.

경로석 곁에서 내가 터득한 지혜는 "존중해야 존중받는다"라는 것이다.

***

인생 2막
버킷리스트

남은 날들, 무엇을 하고 살까

*

버킷리스트. 죽기 전에 이뤄야 할 자신과의 약속.

사람들은 각자 마음속에 품은 삶의 목표와 소원이 있다.

《버킷리스트》라는 책에서 평범한 한국인 몇 명에게 버킷리스트를 묻자, 이렇게 답했다.

"걸어서 세계일주 하기, 허리까지 머리 기르기, 시 한 편 써보기" 등등.

그리고 죽음을 앞둔 사람들에게 버킷리스트를 묻자 돌아온 대답은,

"사과 한 쪽을 먹고 싶다, 설악산을 오르고 싶다, 커피 한 잔을 먹고 싶다" 등이었다. 그렇다. 모두 소소하고 평범한 일상을 원했다.

카렌와이트의 저서 《일주일이 남았다면》에서는, 25년간 호스피스 병동에서 관찰한 시한부 환자들이 죽기 전 후회하는 7가지를 소개하고 있다.

1. 죽을 만큼 마음껏 사랑해볼걸.
2. 조금만 더 일찍 용서할걸.
3. 걱정은 내려놓고 행복을 만끽할걸.
4. 마음을 열고 포용할걸.
5. 한 번뿐인 인생 열정적으로 살아볼걸.
6. 아등바등 말고 여유를 가지고 살걸.
7. 있는 그대로에 감사할걸.

우리는 지금, 언젠가 직면할 죽음 앞에서 후회하지 않도록 살아가고 있을까.

나의 인생 2막 버킷리스트는 무엇일까?

돈, 권력, 명예, 꿈, 희망…?

생각에 잠겨본다.

나는 지금 이 순간, 정말로 무엇을 하고 싶은지.

'아내와 함께 전국 여행하기, 《인생 2막 어떻게 살 것인가》 책 쓰기….' 우선 원고를 마무리한 뒤, 아내와 함께 여행을 시작해야겠다.

우리가 맞이하는 인생 2막, 거창한 목표보다 일상의 소소함을 만끽하며 사는 것이 더 중요하지 않을까.

지금 이 순간 우리 각자의 버킷리스트는 무엇일까?

나만의 버킷리스트를 찾아 실천해보길!

인생 2막
어떻게 살 것인가

퇴직, 끝이 아닌 다른 시작

최고의 노후대책

건강을 잃으면 모든 걸 다 잃는다

*

"건강하고, 무탈한 평범한 삶을 살고 싶어요."

인생 2막에서의 최고의 희망이다.

죽음의 문턱, 생사의 기로에 서보지 않은 사람들은 모른다. 건강이 얼마나 중요한지를. 몸과 마음이 아프지 않고 산다는 게 얼마나 행복한 것인지를.

평범하게 산다는 게 얼마나 어려운 것인지를.

5060세대들을 대상으로 강의할 때 인생 2막에서 가장 중요한 것이 뭐냐고 물으면, 합창이라도 하듯 건강이라고 대답한다. 인생 2막의 삶에 건강이 최고의 노후대책이라는 데 이견이 없는 것이다.

그런데 현실은 어떤가?

OECD 건강 통계 보고서에 따르면 한국인의 기대수명은 82.2년으로 높은 편이나, 건강수명은 71세라 한다. 그러니까 10년 이상을 아프게 산다는 것이다. 한국인의 주관적 건강상태도 최하위로 나타났다. 33퍼센트만이 자신의 건강상태가 양호하다고 응답했다. 몸도 마음도 쇠약해지고 병들어 아프다. 모두 그냥 안 아픈 척하며사는 것이다.

나도 나이가 들면서 병원진료를 가끔씩 가게 된다. 병원에 갈 때마다 내가 가장 젊은 사람 같다. 병원 입구부터 발 디딜 틈이 없다. 많이들 아프다. 젊을 때 죽어라 고생해서 돈 벌고, 나이 들면 병치레하며 그 돈 모두 병원에 갖다 준다더니, 그 말이 딱 맞다.

《100년을 살아보니》의 저자 김형석 교수는, 건강은 미리미리 지속적으로 챙기지 않으면 안 된다고 말한다.

건강은 저축이 안 된다는 것이다.

강의 시간에 건강이 최고의 노후 대책이라고 말은 하는데, "그럼 지금 건강을 위해 무엇을 하시나요?"라고 물으면 대부분 그냥 멋쩍게 웃을 뿐이다. 자신의 건강을 위한 투자는 소홀히 한다.

나도 그랬다. 대수롭지 않게 생각했다. 그러나 이제는 건강이 삶의 최우선이다. 일상에서 건강을 실천한다. 우선 건강을 해치는 일은 멀리한다. 내가 제일 먼저 실천한 것은 금주, 금연. 그리고 많이 움직이는 것이다. 움직여야만 산다는 신념으로.

나는 대중교통을 이용한다. '지하철 마니아'다. 아내는 나를 '지하철 도사'라고 부른다. 에스컬레이터, 엘리베이터를 이용하지 않고 계단을 오른다. 지하철역, 끝이 보이지 않는 높은 곳을 오르다 보면 정상에서 뿌듯함을 느낀다. 마치 에베레스트 산 정상을 밟은 것처럼 말이다. 높은 계단은 나 혼자 올라갈 때가 대부분이다. 옆에서 에스컬레이터를 타고 가며 나를 쳐다보는 시선이 느껴진다.

'와, 대단하다. 저런 미친 사람 봤나.'

'아니, 왜 굳이 편한 길 말고 저렇게 가는 거지?'

'연배가 있어 보이는데도 아직 체력이 괜찮으신가 보네.'

그때마다 나는 그중에서 좋은 느낌만 가려 받는다.

그리고 누군가 만나기로 하고 약속 장소에 도착했는데 시간 여유가 있으면 그냥 앉아서 기다리지 않는다. 남은 시간, 주변을 구경하며 걷는다. 집에서 아내와 TV시청을 할 때도 앉아서 보지 않는다. 어떻게든 몸을 움직이면서 본다. 그렇게 열심히 움직이는 나에게 오늘도 손목에 찬 스마트워치가 "잘했어요. 오늘 목표를 달성했습니다"라고 칭찬해준다.

그리고 '1530'을 실천하려고 노력한다. 일주일에 5일 이상, 하루 30분 이상 운동을 하려고 애쓴다. 틈나면 집 근처 호수공원을 아내와 함께 걷는다. 최근에는 아내와 함께 필라테스를 시작했다. 줄어드는 근육을 지켜주고 언제든지 혼자도 할 수 있는 운동이라서 시작했는데, 힘은 들지만 재밌다. 이렇게 움직이며 하루를 산다.

5060세대, 하고 싶은 게 많은 나이.

그러나 건강을 잃으면 아무것도 할 수 없다. 모든 걸 다 잃어버린다.

인생 2막 최고의 노후대책은 건강한 심신이 아니던가

오늘부터 소중한 건강 지키기를 위해 일상에서 할 수 있는 것을 무엇이든 당장 실천하자.

생각보다 손쉽게 할 수 있는 게 참 많다.

***

인생 2막
어떻게 살 것인가

퇴직, 끝이 아닌 다른 시작

인연과 관계

미움받을 용기, 소중한 인연 지키기

*

피천득 선생의 《인연》 중 한 대목이 스친다.

"어리석은 사람은 인연을 만나도 몰라보고, 보통 사람은 인연을 보고도 놓치고, 현명한 사람은 옷깃만 스쳐도 인연을 살려낸다."

나도 이렇게 살았다. 옷깃만 스쳐도 인연이라 생각하며, 모든 인연을 소중히 지키려고 했다.

10여 년 전 일이다.

나보다 먼저 퇴직한 선배가 퇴직하자마자 잠수를 타버렸다.

그리고 거의 행방불명.

그때는 도무지 이해할 수 없었다. 그토록 어렵게 맺은 인연을 왜 그리 쉽사리 끊어버리는 것일까? 그렇게 생각할 수밖에 없었다.

인생 1막, 스마트폰에 등록된 수많은 연락처를 보면 흐뭇했다 .

모든 것을 다 가진 부자가 된 기분이었다.

퇴직을 하고 나니, 불현듯 그 많은 인연을 붙잡고 있기가 힘에 부친다는 생각이 들었다. 순간, 잠수를 탔던 그 선배 얼굴이 떠올랐다.

때론 불편한 인연이 있다.

가끔씩 이름도 얼굴도 떠오르지 않는 낯선 사람들이, 옛 인연을 구실로 연락을 해온다. 왕년에 만났던 사람들이 나더러 모임에도 나오지 않고, 연락도 없다고 섭섭함을 전해 온다. 어디 아프냐고, 바쁘냐고, 무슨 일 있냐고 해도 달리 어쩔 방법은 없다.

그때마다 그냥 웃어넘기곤 한다.

모두 감당할 수 없고 내 마음이 내키지 않아서 그렇다.

그저, 내가 선택한 내 삶의 방식이다.

나는 너무 많은 사람들과 어울려서 왁자지껄 떠드는 술자리가 불편하다. 몇몇이 다정다감하게 밥 한 끼 먹고 차 한 잔 하며 오롯이 보내는, 그런 시간을 좋아한다.

내 성격이다.

우선 이런저런 많은 모임을, 감당할 수 있는 몇 개로 줄였다. 걱정 반 기대 반으로, '미움받을 용기'를 냈다. 나로서는 엄청난 일이다. 다행히 우려할만한 일은 일어나지 않았다.

인생 2막, 남을 위한 삶이 아닌, 나를 위한 삶을 살고 싶다.

나의 행복을 좌우하는 내 주변 사람들과 함께.

인생 2막을 준비하는 사람들을 대상으로 강의할 때마다 강조한다.

'미움받을 용기가 필요하지 않을까? SNS 감옥에서 탈출하자. 자신에게 불편한 인연은 정리하고 함부로 인연 맺지 말자. 내게 소중한 인연을 더 잘 지키자.'

감당할 만큼만!

인생 2막, 이제 우리에게도 관계 다이어트가 필요하다.

몸 건강을 위한 다이어트뿐만 아니라 정신건강을 위한 관계 다이어트야말로 보다 가뿐한 삶을 위한 필수다.

***

진정한
행복

스스로 마음먹기, 만족과 감사

*

인생 2막, 무엇이 우리를 진정으로 행복하게 만들어주는가?

조지 베일런드 하버드 대학교 교수는 《행복의 완성》에서 행복은 긍정적 감정에서 비롯된다고 하였다.

사랑, 희망, 용서, 연민, 만족, 기쁨, 믿음, 감사 등.

인생 2막을 맞이하는 우리들에게 진정 필요한 것들이 아닐까.

그중에서도 나는 만족과 감사가 가장 중요하다고 생각한다.

며칠 전 경의선 전철에 60대 후반의 남자들이 한꺼번에 승차했다. 왁자지껄 시끌벅적. 오늘은 친구들끼리 모여서 용문산 나들이 간단다. 그중 한 사람이 "요즘 뭐하고 지내?"라고 묻자 돌아오는 대답.

"뭐 하긴, 그냥 시간 죽이며 살지."

순간 가슴이 아렸다. 젊었을 때 그렇게도 갖고 싶었던 것이 시간 아니던가.

가족하고 함께하고 싶을 때도 시간이 없어서 못했다. 일을 더 잘 마무리하고 싶었는데도 시간이 없어서 아쉬울 때가 많았다. 여행 한번 가고 싶었는데도 시간이 없었다. 그렇게 소중했던 시간을 갖게 됐는데, 기쁘게 감사히 잘 활용해야 하지 않을까.

나는 요즘 쓸 수 있는 시간이 많고, 그 시간을 내 맘대로 쓸 수 있어서 좋다.

틈나면 아내와 함께 둘이서 훌쩍 여행을 떠난다.

"오늘은 진달래꽃이 보고 싶네."

둘 중 한 사람이 말을 꺼내면 바로 진달래꽃을 보러 간다. 마침 내일부터 강화고려산 진달래 축제를 한단다. 시간 여유가 있으니 축제 기간을 피해서 하루 일찍 보러 갔다.

꽃구경을 하고 하산하는 길. 백련사 사찰 표지판이 보인다.

웬일인지, 사찰 앞에서 어떤 사람이 고성방가를 하고 있었다. 아내와 나는 의아해했다.

"누군지 참 그러네요, 사찰 앞에서 고성방가라니."

그런데 그곳에 도착한 우리는 깜짝 놀랐다.

스님께서 직접 팝송을 부르고 계신 것이었다. 스님은 노래로 전국을 순회하며 포교를 하신다 했다. 자신이 부르는 노래를 CD로 제작해 그 판매 수익금으로 불우이웃을 도우면서.

지나가던 길손들이 발걸음을 멈추고 옹기종기 모여 스님의 콘서트를 즐기고 있었다.

우리도 한편에 자리를 잡았다. 유서 깊은 사찰에서 스님의 콘서트 감상이라니. 뜻밖의 선물이었다. 지금 이 순간에 만족한다. 스님께 감사하며, 오늘 하루도 참 행복했다.

행복은 이렇게, 때때로 뜻밖에 한 아름씩 찾아오곤 한다.

법륜스님의 《행복》이라는 책의 한 구절이 마음을 스친다.

"행복도 내가 만드는 것이네, 불행도 내가 만든 것이네. 진실로 그 행복과 불행, 다른 사람이 만드는 것 아니네."

인생 2막, 진정한 행복은 스스로 마음먹기에 달려 있지 않을까.

일상에서 만족을 느끼고, 감사하는 삶을 통해.

***

나답게
사는 길

나 자신에게, 나이에 걸맞게

*

오늘 정년퇴직한 60대를 대상으로 '100세 시대, 인생 2막살이'라는 주제로 워크숍을 진행했다. 퇴직 선배와의 시간, 1시간여 동안 질의응답 형태로 진행했다.

첫 번째 질문.

"이런 질문이 어떨지 모르겠지만 좋아하는 걸 어떻게 찾지요? 집에서 아이들한테 좋아하는 일을 찾아라, 너는 꿈도 없냐고 야단만 쳤는데 정작 제가 하고 싶은 일을 모르겠네요."

– 맞아요. 참 어려운 일입니다. 저는 생각이 잘 나지 않을 때는 거꾸로 생각해봅니다. 나한테 지겹지 않은 일, 평생 해도 즐거울 것 같은 일, 나한테 의미 있다고 생각되는 일들을 하얀 백지 위에 써봅니다. 그리고 좋아하는 산업 분야, 좋아하는 직무, 좋아하는 분위기 등 일할 때의 모습을 상상해봅니다. 어릴 적 꿈, 닮고 싶었

던 사람도 떠올려보고요. 그렇게 해서 찾은 일이 강의, 코칭, 자문입니다. 제가 하고 싶은 일이었어요.

두 번째 질문.

"좋아하는 일을 찾는 게 참 어렵던데, 어떤 다른 방법이 있을까요?"

– 사실 누구에게나 어려운 일입니다. 제일 좋은 방법은 직접 경험해보는 것이지요. 우리는 대부분 3, 40년간 한 직장에서 비슷한 경험을 하고 퇴직했습니다. 마치 우물 안 개구리처럼요. 그래서 생각보다 경험이 그렇게 많지 않습니다. 우선 뭐라도 다양한 경험을 해보는 게 중요합니다.

세 번째 질문.

"어떻게 해야 다양한 경험을 할 수 있을까요? 직장 다니면서 그런 시간을 따로 낼 수 있나요?"

– 맞습니다. 직접 체험할 수 있는 것은 한계가 있지요. 그래서 이렇게 틈나는 대로 강의도 듣고 서점에 들려 책도 읽어서 간접 경험을 쌓는 게 좋습니다. 요즘에는 관련 인터넷 사이트들도 많으니까 여러 정보들을 통해 다가올 인생 2막 세상을 가능한 많이 경험하는 게 중요합니다.

네 번째 질문.

"인생 2막 준비를 위해 유용한 인터넷 사이트가 있다면 알려주세요."

– 제가 추천하고 싶은 사이트는 서울시 50플러스포털(50plus.or.kr), 고용노동부(www.moel.go.kr), 워크넷(www.work.go.kr), 노사발전재단(www.nosa.or.kr), 창업진흥원(www.kised.or.kr), 한국고용정보원(www.keis.or.kr), 한국폴리텍대학(www.kopo.ac.kr) 등 공공기관 사이트입니다. 이곳에 가보면 인생 2막에 관한 많은 정보들과 다양한 경험담을 만나게 될 겁니다.

호랑이를 잡으려면 호랑이굴로 들어가야 하니까요.

다섯 번째 질문.

"인생 2막살이를 경험하신 선배로서 후배들에게 코칭 한마디를 해주신다면요?"

– 퇴직 후 갈팡질팡하고 있을 때, 우연히 《카마수트라, 인생에 답하다》라는 인도 고전을 소개한 책을 접했습니다. 그 책에서 "자기 모습대로 그냥 있는 것만으로는 충분하지 않다. 자기가 누구인지 알아야만 한다. 그렇지 않으면 자신에게 전혀 어울리지 않는 역할을 하게 된다"라는 구절이 제게 큰 울림을 줬습니다. 자기가 누군지를 발견하고 그에 걸맞은 역할을 하며 사는 것이 무엇보다 중요합니다.

그리고 법정 스님 책 속의 어느 구절이 떠오릅니다.

"나는 누구인가 스스로 물으라. 자신의 속 얼굴이 드러나 보일 때까지 묻고 또 물어야 한다. 건성으로 묻지 말고 목소리 속의 목소리로, 귓속의 귀에 대고 간절하게 물어야 한다. 해답은 그 물음 속에 있다. 묻지 않고는 해답을 이끌어낼 수 없다."

인생 2막, 자신이 누구인지를 찾고 자신에게 잘 어울리는 역할을 하며, 나이에 걸맞게 사는 삶이 더 행복하지 않을까요?

***

인생 2막
어떻게 살 것인가

퇴직, 끝이 아닌 다른 시작

소.확.행

일상의 소소한 행복, 우리들의 특권

*

창문에 빗방울이 매달려 있네, 아내가 속삭이듯 말한다.

창밖으로 빗물이 고드름처럼 매달려 흘러내리고 있다.

빗물에 흠뻑 젖은 연산홍 빛깔이 눈이 시리도록 예쁘다.

식탁 위에 놓인 돌솥밥 뚜껑을 연다. 하얀 쌀밥에 군침이 돈다.

아내와 함께 점심 먹으러 들른 강의 장소 근처 동네 맛집.

"교수님, 안녕하세요?"

식사를 마치고 일어서는데 옆 좌석 손님이 미소 지으며 인사를 건넨다. 아는 분들이다. 나오는 길에 옆 좌석의 추어탕 값까지 지불했다.

계산하던 주인이 되묻는다.

"이걸 다 계산하시게요?"

고맙다는 인사를 뒤로하고 아내와 함께 강의 장소로 향했다.

빗줄기가 더 거세진다. 굵은 빗방울이 우산을 우두둑 때린다.

아내가 내 팔에 팔짱을 끼고 걷는다.

1층 카페에 들러 함께 커피를 마시다가, 강의 시간이 되어 강의장으로 향했다. 아내는 책을 보며 강의가 끝날 때까지 날 기다려준다.

빗속을 거닐며 아내가 말을 건넨다.

"오늘 강의는 어땠어요?"

망설임 없이 답했다.

"굿!"

우리는 지하철을 탔다. 평일 오후 3시인데 의외로 사람이 많다.

왁자지껄, 세상 사는 이야기를 듣다 보니 벌써 내려야 할 곳이다.

올라가는 에스컬레이터를 옆에 두고 둘이서 계단을 걸었다.

가끔씩 서로를 바라보며, 마음속으로 가위바위보하며 그렇게 계단을 올랐다.

장애물을 만났다. 아내가 좋아하는 빵집.

오늘도 집요한 아내의 청을 물리치고 돌진, 무사히 통과했다.

버스에서 내려 우산을 받쳐 들고 우리는 10여 분 정도 돌담길을 걸었다.

문득, 데이트하던 연애 시절이 생각난다.

어느새 우리 동네 아파트 근처에 도착했다.

꽃들이 아우성이다. 모처럼 세상 구경하러 나왔는데 비가 와서 힘들다고.

요맘때는 아내와 함께 동네산책하며 꽃구경하기 좋은데,

아쉽다. 올 봄에는 꽃이 머무를 시간이 충분치 않아서.

오늘도 아내와 멋진 강의 여행을 다녀왔다.

이제 함께 필라테스 하러 아파트 커뮤니티에 간다.

우리 부부가 사는 인생 2막의 어느 하루이다.

우리는 부부 중심의 삶을 산다. 일상의 소소한 행복을 만끽하며 산다.

요즘 유행하는 '소확행(소소하지만 확실한 행복).'

이보다 더 큰 행복이 어디 있겠는가.

***

퇴직과 은퇴 사이

퇴직 후 20년을 더 일해야 진짜 은퇴

*

최근에 정년퇴직한 후배가 찾아왔다.

"선배님 저 은퇴했습니다."

이런저런 이야기를 나누다가, 이제 무엇을 할 거냐고 물었다.

"조금만 쉬고 새로운 직장을 구해야죠. 아직 사는 형편이 그래서요."

그렇다면 '은퇴'한 게 아닌데…….

퇴직과 은퇴, 흔히들 쓰는 말인데 헷갈린다.

누구는 똑같은 말이라 하고 누구는 다르다고 한다.

나는 강의할 때 '퇴직은 직장을 비자발적으로 그만두는 것이고, 은퇴는 자발적으로 경제활동을 완전히 그만두는 것이다'라고 전한다.

퇴직과 은퇴 사이, 그곳에는 희망과 설렘의 보물섬이 있다.

물론 누군가는 퇴직의 상실감과 자책감의 늪에 갇혀 있을 수 있겠지만.

고령화 시대. 우리는 한참 일할 나이에 직장을 그만두고 퇴직한다. 그리고 퇴직 후 20여 년을 더 일한다.

우리나라는 세계에서도 유래가 없이 빠른 속도로 고령화시대에 접어들고 있다. OECD 조사에서 우리나라 75세 이상 인구의 고용률이 17.9퍼센트로 1위, 65세 이상은 30.6퍼센트로 2위다.

고령의 나이에도 일을 그만두지 못하는 이유는 노후 준비 부족과 복지제도 미흡 때문일 것이다. 한마디로 경제적 어려움으로 생활비를 마련해야 하기 때문이다.

OECD 조사 결과, 노인 빈곤율 1위, 노인 자살률 1위 등의 지표들이 이를 방증한다.

우리나라 신중년 세대는 퇴직 후에도 경제적으로도, 정신적으로도 자유롭지 못하다.

거기다 요즘은 부모와 자식을 부양해야 하는 '더블케어 부담' 때문에 더 힘들어졌다고 한다.

또 의외로, 주변에 경제적 문제는 없지만, 마음이 늘 헛헛하다는 사람들도 많다.

누구에게나 퇴직과 은퇴 사이, 20여 년의 시간이 주어진다.

그런데 이 많은 시간을 어떻게 쓸까 고민만 한다.

20년이면, 하고 싶은 것, 그동안 못 다한 것 등을 모두 다 할 수 있을 것이다.

퇴직과 은퇴 사이, 우리들의 보물섬.

불안한 마음으로 찾아갈까, 설렘과 희망을 안고 찾아갈까?

이 답은 아마도 우리들 마음 속에 어떤 프레임을 세우느냐에 달려 있지 않을까.

긍정의 프레임일까 아니면 부정의 프레임일까.

인생 2막, 이제 각자의 보물섬을 찾아 떠나자!

***

인생 2막, 어떻게 살 것인가

나다운 인생 2막을 시작하려면
"꿈이 뭐예요?"
나에게 소중한 것
재취업으로 경제활동
취미를 직업으로
새로운 도전
결혼 30년 만에 해본 집안일
중년남자의 로망, 전원살이
멘토의 자격
믿었던 것들에 대한 배신
강의 여행 떠나기
부부가 함께하는 시간
부부의 취미생활
'뭐라도 학교'

나다운 인생 2막을 시작하려면

일단 먼저 Reset!

*

'인생 2막, 진짜 나답게 살고 싶다.'

모두의 바람일 것이다.

하지만 나답게 산다는 것이 무엇인지 알기는 쉽지 않다.

퇴직 준비를 위한 전직 교육에는 자아성찰, 자아 탐색이라는 내용이 있다. '나는 누구인가?'를 생각하라고 한다. 그러나 자문자답이 어디 쉬운 일인가?

그래서 '나는 인생 2막 어떻게 살까?'를 오늘도 고민하고 또 고민하는 사람들에게 '4R기법'을 전하고자 한다. 인생 2막의 새 출발을 위해 'Reset, Redesign, Refill, Restart'하라는 것이다.

먼저 자신을 Reset(재부팅)하라.

"전원 스위치를 한번 껐다가 켜보세요."

전자제품이 고장 났을 때, AS센터에 전화하면 알려주는 해법처럼 말이다. 인생 2막, 자신이 원하는 삶을 찾아가는 방법도 비슷하다고 생각한다.

우선 인생 1막의 나를 내려놓고 백지장을 꺼내 한 자 한 자 써보자. 많은 고민을 깊게 해야 한다.

'나는 무엇을 좋아하는가, 나의 관심사는 무엇인가, 어떤 삶을 원하는가?'

'퇴직 후, 인생 2막을 어떻게 살까?'

'5년 후 나는 어떤 모습으로 살고 있을까?'

과거는 생각하지 말고, 너무 먼 미래도 바라보지 말자.

그냥 지금 이 순간 하고 싶은 게 무엇인지를 하얀 백지 위에 차곡차곡 써내려가면 된다.

지금까지 살면서 최고였던 순간도 떠올려보자.

'그런 삶을 지속하면 행복할까?'

자신에게 직접 물어보자.

'소원이 뭐니? 하고 싶은 일, 하기 싫은 일, 해야만 하는 일, 잘할 수 있는 일은 뭐라고 생각하니?'

그리고 기업경영에서 많이 활용하는 자신의 강점, 약점 분석도 해보자.

이 모든 것이 결코 말처럼 쉽지는 않다. 왕년을 내려놓고 깊은 고민의 터널을 지나야 자신이 원하는 인생 2막의 삶, 추구할 가치와 삶의 목표를 비로소 찾을 수 있을 것이다.

인생을 Redesign(재설계)하라.

원하는 삶이 무엇인지 찾았으니, 이제 어떻게 원하는 삶을 얻을 것인가를 고민해야 한다.

'어떤 세상에서, 어떤 사람들과, 무엇을 하며, 어떻게 살 것인가.'

내가 살아가는 일상의 모습을 다시 설계해보자.

100세 시대 인생 2막의 삶과 일을 재설계하는 것이다.

퇴직 후 남은 40여 년을 무료하게 지내며 재미 없는 삶을 살 것인지, 아니면 또 다른 나의 무대로 만들고 펼쳐나가며 내게 의미 있는 삶을 살 것인지를 선택해야 한다.

그런 다음, 연료를 충분히 Refill(재충전)하라.

인생 2막 재설계를 했다면 이제 출발 준비를 위해 연료를 충전해야 한다.

가장 중요한 것은 자신감과 포기하지 않는 끈기, 긍정적인 마음으로 자존감을 꽉꽉 채우는 것이다. 그리고 자신만의 필살기를 만들자. 혼자서 하기가 어려우면 전문가를 찾아 상담과 체계적인 교육훈련도 받으며 인생 2막에 필요한 역량을 축적하고 전문성을 키우는 것도 좋다.

무작정 자격증 쌓기는 금물이다. 고생만 실컷하고 장롱면허가 될 테니까. 먼저 할 일을 정하고 관련 자격증을 취득해야 한다.

발품 팔거나 인터넷 검색을 해보면 전문가의 도움을 받을 수 있는 곳은 생각보다 많다. 공공기관의 서비스를 잘 활용하자.

이제 Restart(다시시작)하라.

인생 2막 출발 준비가 됐으면 출발하면 된다.

물론 출발하기 전 타이어 확인은 필수이다. 앞으로 남은 긴 인생길을 달려야 하니까, 꼼꼼하게.

Retire는 '타이어를 갈아 낀다'는 의미이기도 하다. 그래서 은퇴를 Retire라고 하지 않는가?

100세 시대, 생각보다 길다. 마음이 급하다고 서두르지 말고 4R기법으로 차근차근 인생 2막을 재설계하자.

"Reset, Redesign, Refill, Restart!"

좋은 길잡이가 되어줄 것이다. 물론 그중 제일은 Reset!이다.

***

인생 2막
어떻게 살 것인가

퇴직, 끝이 아닌 다른 시작

“꿈이 뭐예요?”

참 어렵다, 우선 이것저것 경험해보자

*

아주 어릴 적, '넌 꿈이 뭐니?'라고 어른들이 물으면 거침없이 대통령이라 대답했다. 그리고 철이 들면서 그 꿈을 접고 선생님이 되고 싶었다. 그래서 선생님을 좋아했다. 닮고 싶었다. 그러나 많은 사람들이 그렇듯 나도 꿈과 다른 삶을 살 수밖에 없었다.

기업에 취직해 나름대로 최선을 다했다. 직장 생활 30여 년, 대기업 임원을 14년이나 했다. 후배들이 날더러 자신의 롤모델이라 하며 부러워했다. 내가 생각해도 난 내가 할 수 있는 한 100점짜리 인생을 살았다.

그럼에도 가끔씩 허전했던 이유는 뭘까? 꿈이 고팠던 것일까?

꿈을 찾는다는 것은 참 어렵다. 꿈이 뭐냐고 물으면 답하기 곤란하다. 어렸을 때나 지금이나 마찬가지다.

자아성찰, 깨달음, 자각. 그게 어디 쉬운 일인가.

그래서 버킷리스트를 찾아 꿈으로 연결하기도 한다. 그래도 쉽지 않다.

50이 넘어 다시 꿈이라는 단어가 떠올랐다.

'넌 꿈이 뭐야?'

'머지않아 퇴직을 할 텐데 퇴직하고 인생 2막에는 뭘 하지?'

스스로에게 질문하곤 했다.

그래도 지금 생각해보면 다행스럽게도 일찍 자각한 편이다.

막연히 화두로 갖고 다녔던 '동기부여(motivation)'를 할 수 있는 역할을 하고 싶었다. 그때 인터넷에서는 자신의 이름이 아닌 닉네임으로 소통을 하던 때였다.

'나도 닉네임이 필요하겠는데?'

그러던 어느 날 'motive(동기)'와 'artist(예술가)'라는 단어가 떠올랐다.

그렇게 'motive'와 'artist'를 합성해 'motist(모티스트)'라는 닉네임을 만들어 사용하기 시작했다. 동기부여를 예술가처럼 하고 싶었던 나의 오랜 꿈을 브랜드화 한 것이다.

그리고 '모티스트(motist)'가 되는 꿈을 꿨다.

명함도 만들고, 사람들을 만나면 스스로 소개도 했다.

그 꿈을 이루기 위해 주말, 휴가 때마다 관련 자격증을 따고 교육도 받고 열심히 준비했다. 덕분에 지금 인생 2막 전문가로 활동하고 있다.

최근에 아들이 좋은 영화를 추천해줬다.

'위대한 쇼맨 The Greatest Showman.'

영화 속에서 그의 아내가 한 말이 떠오른다.

"모든 사람에게 사랑받을 필요는 없어요. 주변에 소중한 사람 몇 명만 있으면 되니까요."

영화를 보면서 꿈에 대해 다시 생각해봤다.

지금 내 꿈은 뭘까?

'하고 싶은 것 하면서, 소중한 사람들과 건강하게 살고 싶다!'

인생 2막을 맞은 우리 모두의 꿈이 아닐까.

일상의 소소한 즐거움을 소중한 사람들과 함께하며 사는 삶!

자신의 인생 2막 꿈을 찾기가 어렵다면 우선 그냥 이것저것 넓게 많이 경험해보자.

책도 보고, 낯선 사람도 만나고.

거창하게 꿈만 찾지 말고, 지금 당장 뭐라도 시작해보자.

그러다 보면 하고 싶은 일을 찾을 수 있지 않을까?

꿈이 현실이 되려면 어쨌든 움직여야 한다.

***

나에게
소중한 것

다른 사람의 시선, 잣대가 아닌 내 기준으로

*

인생 2막을 준비하는 5060세대들과 그룹토의를 진행했다.

주제는 "행복한 삶을 위해 무엇이 필요하다고 생각하시나요?"

건강, 가족, 일(활동), 돈, 명예, 사랑, 친구, 신앙, 봉사, 배움 등 인생 2막에 필요한 욕구는 매우 다양했다.

그중에서 각자 네가지씩 선택하도록 했더니 대부분 "건강, 돈, 일(활동), 친구(관계)"를 선택했다. 선택한 이유를 묻자, 건강은 최고의 노후대책, 돈은 생계 수단, 일과 친구는 삶의 활력소라 했다.

그렇다면 소중한 네가지를 다 가질 수 있는 가장 좋은 방법은 무엇일까.

나는 일(활동)을 하는 것이라 생각한다. 좋아하는 일을 하면 몸과 마음이 건강해지고, 돈도 벌 수 있고, 인간관계도 좋아질 테니까 말이다.

얼마 전 '인생에서 중요한 것들'이라는 TV프로그램을 시청한 적이 있다.

이런 장면이 펼쳐졌다. 어느 철학 수업 시간, 교수가 큰 플라스틱 통을 탁자에 올려놨다. 그러곤 통 속에 탁구공을 가득 부었다. 교수가 학생들에게 질문했다.

"다 찼습니까?"

"네에~!"

교수는 이번에는 통 속에 자갈을 쏟아붓고 또 물었다. 이미 가득 든 탁구공들 사이사이로 자갈이 자리 잡았다.

"다 찼습니까?"

"네에~!"

교수는 다시 통 속에 모래를 부었다. 그리고 물었다.

"다 찼습니까?"

"네에~!"

교수는 이번에는 홍차 한 잔을 부었다. 홍차는 모래에 불그스름하게 퍼져갔다.

교수가 말했다.

"탁구공은 가족, 건강이고, 자갈은 일, 취미 생활입니다. 모래는 잡다한 일입니다. 잡다한 일만 하다 보면 인생에서 중요한 일을 할 수 없습니다. 오늘부터 인생에서 중요한 일을 실천해보세요."

학생이 물었다.

"교수님, 그럼 홍차는 무슨 의미인가요?"

"홍차는 인생의 여유랍니다."

이 짧은 동영상을 보면서 많은 것을 생각하게 되었다.

혹시 잡다한 일에만 치여 살고 있는 것은 아닐까?
인생 2막, 내게 소중한 것은 무엇일까?
현실적으로, 구체적으로 소중한 것은 무엇일까?
고민 끝에 인생 2막, 나에게 소중한 것을 찾을 수 있었다.

"건강, 아내, 강의."
이렇게 이야기하면 많은 사람들이 아내도 동의하냐고 묻는다.
답은 '그렇다'이다.
1순위가 건강인 이유는 소중한 사람들이 내 곁을 일찍 떠났기 때문이다. 아버지는 환갑도 채 되지 않은 너무도 젊은 나이에 돌아가셨다. 그리고 퇴직하기 3년 전부터 어머니, 장모님, 매형, 그리고 퇴직 후 여동생마저 내 곁을 떠나갔다.
허망했다.

그제야 비로소 남은 삶을 어떻게 살아야 하는지, 무엇이 소중한지가 더 뚜렷이 보이기 시작했다.
허전함, 뭔가를 더 채워야 한다는 욕심을 내려놓고 비울 수 있었다.

돈, 명예, 헛된 꿈을 더는 좇지 않고, 아내와 나의 건강을 지키며 즐거운 강의 여행을 하며 살기로 했다.
돈은 먹고 살 수 있을 정도면 될 것이라 생각했다.
물론 개개인의 형편과 쓰임새에 따라 차이는 있겠지만, 욕심내지 않고.

이제부터 나는 내 맘대로, 나답게 살기로 했다.
다른 사람의 기준, 잣대가 아닌 그냥 내 기준으로!
소중한 것에만 집중하면서, 몸도 마음도 정신도…
'미니멀 라이프'로 살기로 했다.

***

인생 2막
어떻게 살 것인가

퇴직, 끝이 아닌 다른 시작

재취업으로 경제활동

세상에 공짜는 없다

*

"재취업했습니다."

반가운 후배의 목소리다.

후배는 50대 중반에 대기업에서 퇴직했다. 1년 동안 여기저기 일자리를 알아보더니, 기쁜 소식이다.

지난해 정부는 인생 3모작 계획을 발표했다. 100세 시대의 바람직한 커리어 모델이다. 인생 1모작은 주된 일자리에서 경제적 활동을 하고 퇴직을 한다.

인생 2모작은 퇴직 후부터 연금수령을 할 때까지, 재취업하여 경제활동을 하는 시기를 말한다.

인생 3모작은 연금수령시기 이후부터 은퇴까지. 이때는 사회공헌 활동을 하며 보람 있게 사는 삶을 제시했다.

퇴직 후에도 인생 1막에 했던 일을 계속하고 싶어 하는 사람들이 많다. 물론 그 일이 재미있거나 안정적인 수입이 필요한 경우다.

그러나 결코 쉽지 않은 일이다. 젊은 청년들의 취업도 어렵고 기업 구성원도 고령화 되어가고 있어서, 기업의 입장에서는 신 중년 세대의 재취업이 반갑지 않다.

그래서 요즘 조직의 리더들이 힘들다고 한다. 리더보다 더 나이 많은 조직 구성원들이 조직에 많으니, 상명하달식 조직 문화에서 리더십을 제대로 발휘하기가 쉽지 않다는 이유에서이다.

재취업이 힘들어서, 했던 일을 토대로 창업전선에 뛰어드는 경우도 많다.

아는 선배가 퇴직 후 퇴직금을 몽땅 털어 사무실을 구입했다. 그리고 인생 1막의 전문성과 인맥을 자신하며 사업을 계획했다.

사업을 시작할 때의 기억이 생생하다. 자신감이 넘치고 행복했던 그 모습. 큰 그림의 비전도 들려줬다. 그 후 얼마동안은 괜찮았다. 그런데 한 3년쯤 지나서부터는 만날 때마다 고민이 늘어났다. 매달 월급날을 맞이하는 것이 가장 힘들다고 했다. 월급을 받을 때는 그토록 기다려지던 그날이, 월급을 주는 입장이 되니까 너무 빨리 돌아온다는 것이다.

나도 경험해보니 나이 들어서 하는 재취업은 준비를 더 충분히 해야 한다.

인생 1막에 살았던 조직과는 시스템, 프로세스가 많이 다르고,

그 속에서 살아가는 구성원들의 조직 문화도 다르다.

그 뿐인가. 기업주와의 관계 리스크 또한 만만치 않을 것이다.

특히, 어디든 과분한 스카우트 제의를 받으면 잘 생각해보자.

나에게 어떤 역할을 원하기에 이렇게 나를 과분하게 스카우트 하려 하는지.

세상에 공짜는 없을 테니까!

***

취미를 직업으로

좋아하는 일로 돈까지 벌 수 있다니!

*

5, 60대 신중년 20여 명이 함께 모였다. 어느 강의의 수강생들이다.

나도 수강생 중 한 명이었다. 각자 자기소개 시간이다.

누구는 여행을 좋아해서, 누구는 좋아하는 일을 찾기 위해서 참석했단다.

생각도 경험도 꿈도 모두 다양했다. 그러나 대부분은 자신이 무엇을 좋아하는지 모른단다.

강사는 자신이 좋아하는 일을 찾기 위해, 나만의 키워드를 찾아보라고 했다.

문득 스치고 지나가는 생각들.

어느 날 강의장 복도 벽에 붙어 있던 포스터 속 글귀들이 떠오른다.

"나는 글을 쓴다. 나는 소통한다. 나는 배운다. 나는 그린다. 나는 사진 찍는다. 나는 강의한다. 나는 영상을 만든다." 등등.

나도 강사의 제안에 공감한다.

나만의 키워드 속에서 취미를 발견하고 배움을 통해 커리어를 모색한다.

그리고 그 취미를 인생 2막의 직업으로 삼는다.

글 쓰는 취미가 있는 사람은 작가, 자유기고가, 여행 블로거 등으로 활동할 수 있고 책 카페를 운영할 수도 있을 것이다.

소통하기를 좋아하는 사람은 전문성을 키워서 코치, 동화 구연가 등으로 활동할 수 있다.

사진 찍기를 좋아하는 사람은 사진기자, 사진작가, 여행작가 등으로 활동할 수 있다.

여행을 좋아하는 사람은 여행작가, 도시해설사, 문화해설사로 활동할 수 있다.

물론 취미를 직업으로 하기 위해서는 전문성을 키워야 하는 것은 당연하다.

좋아하는 일을 하는 것은 인생 2막을 살아가는 데에 강력한 원동력이 될 것이다.

나는 요즘 '강의여행가'를 꿈꾸며 산다.

전국을 무대로 강의를 하면서 그 덕에 아내와 함께 여행도 하는 것이다.

오늘 몇 사람에게 꿈 얘기를 했더니 부러워하며 지지해줬다. 더없이 멋진 꿈이라고.

그래서 여행에 대해서 많이 배우고, 새로운 아이디어를 찾아서 꿈을 일궈보려고 한다.

취미생활로 여가를 즐기고 약간의 수입도 만들 수 있다면 금상첨화가 아닌가.

취미를 넘어 직업으로, 좋아하는 일로 돈까지 벌 수 있다니.

***

새로운 도전

하고 싶은 일을 찾아서, 일단 뭐라도 시작해보자

*

인생 2막, 새로운 도전을 하며 즐겁게 사는 사람들도 많다.

인생 1막에 하고 싶었는데 미처 하지 못한 꿈을 이루기 위해 도전하거나, 하고 싶은 일을 비로소 발견한 사람들이다.

할머니 한 분이 기억 난다.

할머니는 960번 만에 운전면허 필기시험에 합격해 세간의 화제였다. 그때 할머니 나이, 70세였다. 합격 축하선물로 자동차 회사에서 예쁜 차도 선물해줬다.

이렇듯 못 다한 꿈을 이루기 위해 인생 2막에 새로운 도전을 하는 사람들은 헤아릴 수 없이 많다.

어릴 적 남원 골에서 명창들의 소리를 들으며 자라서 소리꾼이 꿈이었다는 후배. 그 후배는 퇴직 후 청소년들을 위해 방과후 강사로 활동하고 있다.

전자공학을 전공하고 기술회사에 근무하다 퇴직한 친구. 우연한 기회에 요리에 관심을 갖기 시작했다. 제대로 배워보기로 맘먹고 전문요리과정을 수료하고 현장실습을 마친 뒤 새로운 꿈을 꾸게 되었다.

평생지기 친구가 소식을 전해왔다. 요즘 아주 재밌는 걸 배운다는 것이다. 드론 조종사 자격증 과정. 어린 시절 꿈이 비행기 조종사였는데 그 꿈을 이루지 못했단다. 그 꿈에 도전하고 싶고 4차 산업 유망직종이기도 해서 시작했단다.

어떤 친구들은 머나먼 이국땅 아프리카로 봉사활동을 떠나 새로운 삶을 시작했다. 평생 남의 도움을 받고 살았으니 이제라도 봉사하는 삶을 살고 싶다고 했다.

대단히 존경스러운 친구들이다.

인생 2막의 도전은 거창한 꿈이거나 반드시 무엇을 이루어야 한다는 강박감을 갖지 않아도 된다. 그냥 지금까지 미뤄왔던 것들. 가슴 한 켠에 묻어두고 살았던 버킷리스트를 하나둘 꺼내서 시작해보면 어떨까.

우선, 하고 싶은 일을 찾아서 일단 뭐라도 시작해보자.

그리고 도전해보자. 배움과 경험을 통해 전문성을 키우고.

2,30년도 더 즐길 수 있는 멋진 삶을 위해, 2,3년 충분히 더 투자해도 늦지 않다.

***

인생 2막
어떻게 살 것인가

퇴직, 끝이 아닌 다른 시작

결혼 30년 만에
해본 집안일

함께 살면 집안일도 당연히 함께 하는 게 맞다

*

"집안일은 해도 해도 끝이 없어."

예전에 가끔 혼잣말처럼 아내가 하던 말이 생각난다.

그저 별 생각 없이 '그런가 보다' 하고 지나친 말.

그런데 퇴직한 뒤 집에서 주로 생활하다 보니 비로소 알 것 같다.

그동안 어떻게 이토록 많은 일을 혼자 했을까. 측은하다는 생각이 들 정도였다.

정말이지 하루 종일 쉼 없이 일한다.

가족들이 잠에서 깨기 전 먼저 일어나 아침밥을 짓는다. 그리고 곧바로 점심식사 준비를 한다. 밥 먹고, 청소하고, 설거지하고, 동시에 세탁기는 돌아가고, 또 저녁식사 준비하고…….

진짜 쉴 틈이 없다.

아내가 간간이 보는 TV 프로그램도 요리프로그램 일색이다.

그렇게 하지 않으면 요리하는 법을 잊어버릴 것 같단다. 퇴직한 뒤 지켜본 아내의 하루 생활이었다.

하루 삼시 세끼 챙기고 살림한다는 것이 이렇게 어렵다는 것을 이제야 알았다. 그래서 아내들이 "남이 해준 밥이 맛있다"고 하는가 보다. 하루 세끼를 집에서 다 챙겨 먹는 남편을 '삼식이 세끼'라 칭하며, 아내들이 제일 싫어한다는 우스갯소리도 있다.

물론 우리 아내는 싫어하지 않는다. 몇 번을 물었는데도 진짜, 진심이란다. 나도 그렇게 느낀다. 그렇게 믿고 싶은 건지도 모르겠다.

내가 운영위원으로 일하는 우리 마포복지관에서는 삼식이 요리교실을 열어 남편들의 홀로서기를 돕는다. 아주 성황리에 삼식이 요리대회도 하면서.

남자들, 퇴직하고 나면 가장 큰 고민거리가 삼시 세끼 해결일 게다. 많은 부부가 이 문제 때문에 다툰다. 그래서 퇴직 후 가장 시급한 과제는 혼자서 의식주를 해결할 수 있도록 자립해야 하는 것이다. 스스로 해결하지 못하면, '혼(자 먹는) 밥'이라도 해서 아내를 해방시켜주자.

나도 강의하러 다니다 보면, 혼밥을 해야 하는 경우가 있다. 아직도 조금은 어색하지만, 그래도 할 만하다. 한번 시도하고 나면 편하다. 예전에는 식당에 혼자 들어가 밥 먹는 것이 눈치 보였지만, 이제 식당에 1인석도 많아졌고 사회 환경도 혼밥족들이 살 수 있도록 많이 바뀌고 있다.

나도 혼자서 해결을 하고 싶었다. 그래서 요리를 배워보기로 했다. 어느 절에서 사찰음식을 가르친다 해서 한시간이 넘는 거리를 매주 6개월 동안 배우러 다녔다.

물론 그렇게 배웠다고 단번에 요리사가 되겠는가.

그나마 수확이라면 아내의 요리를 많이 이해하게 됐다는 것이다. 한 끼의 음식에도 그렇게 많은 수고와 정성이 필요하다는 것을 그 전에는 미처 몰랐다.

아내에게 새삼 고맙고 미안했다.

그리고 살림살이에 대해 조금 더 이해할 수 있었다.

집안일이 끝이 없다고, 아내가 하던 말의 참된 의미를.

나는 이제 아내의 살림살이를 돕지 않는다.

아내와 함께 한다.

따로 역할이 없다. 그냥 함께 한다. 눈에 보이는 대로 내가 먼지 하려고 노력한다.

아직도 주 요리를 하지는 못하지만, 식사 준비할 때 반찬, 수저 챙기기, 설거지, 음식물 치우기, 쓰레기 분리수거, 청소 등 닥치는 대로 하려고 한다.

그럴 때마다 아내는 그러지 말라고 투정 아닌 투정을 하지만, 내가 하지 않으면 아내가 해야 하니까 내가 먼저 한다. 어차피 누군가는 해야 하는 일이니까. 함께 먹고 함께 사는 사람으로서 당연히 함께 해야 한다.

인생 2막, 가사 일은 아내를 돕는 일이 아니다.

함께 해야 할 일이다.

***

중년남자의 로망,
전원살이

차창 너머 보이는 게 전부가 아니다

*

색소폰, 전원주택. 인생 2막을 맞이하는 남자들의 로망이다.

나도 그랬다. 원래 시골 촌놈이어서일까. 전원주택에서 친구들과 색소폰을 연주하며 즐기는 여유로운 삶을 꿈꿨다. 50대에는 열병을 앓는 것처럼, 열심히 수도권 주변, 강원도까지 돌아다니며 살 곳을 찾았다. 몇 년 만에 강원도 어느 산기슭에 제법 넓은 땅을 구입했다. 과수원을 할 수 있을 만큼 넓은 땅이었다.

어느 날 퇴직한 선배한테 자랑했다. 선배는 내게 직구를 날렸다.

"자네 그거 정말 해봤나?"

뒤이어 자신의 경험담을 들려줬다.

"나도 그랬지. 비슷한 꿈을 꿨어. 그런데 결국 3년 만에 손해 보고 팔았어. 너무 낭만적인 착각이야."

얼마 뒤 나도 그 선배처럼, 그렇게 정리했다.

그러고 나서 '이제는 다른 헛된 꿈은 꾸지 말고 전원주택만 구입해서 퇴직 후 살아야지'라고, 그렇게 단단히 마음먹었다. 그리고 틈나는 대로 전원주택을 찾아 여기저기 헤매고 다녔다.

그러던 어느 화창한 가을 날, 출장을 다녀오는 길이었다.

어느 예쁜 집이 눈에 들어왔다. 첫눈에 반하고 말았다.

뭔가에 홀린 듯 그 집 앞에 서 있었다. 그러자 60대 후반쯤으로 보이는 집주인이 다가와 묻는다.

"누구시죠? 무슨 볼일 있으신가요?"

"아, 지나다가 집이 너무 예뻐서 멈췄습니다."

그러자마자 기다렸다는 듯 반기는 말이 돌아온다.

"아, 그러세요? 그럼 이 집 사시지요. 전세도 좋고, 월세도 좋아요. 저희가 급한 사정이 생겨 빨리 정리하고 서울로 가야 해서요."

서울 오는 길에 예쁜 집이 발견될 때마다 가보면, 급한 사정이 있어서 팔려고 내놓은 빈집들이 생각보다 많았다. 전원주택은 소유하자마자 애물단지라고, 선배들이 했던 말들이 그제야 떠올랐다.

그동안 왜 전원주택을 소유하려고만 했을까? 빌려서 살아도 되는걸.

그리고 몇 년 뒤 나는 퇴직했다. 결국 전원주택은 갖지 못한 채.

퇴직하고 2년쯤 지나고 나서, 영식 아우가 기쁜 소식을 전해왔다. 내겐 친동생 같은 후배다.

"저 집 하나 샀습니다. 살던 집이 재건축으로 철거된다 해서요."

"그래? 축하해. 어디에 샀어?"

"양평입니다. 한번 보세요."

스마트폰 사진 속 전원주택은 그동안 내가 찾아 헤맸던 바로 그런 집이었다.

유럽풍의 예쁜 2층집이 초록빛 잔디밭을 품고 있었다.

황혼이 질 무렵 찍은 사진이라서 그럴까? 무척이나 아름다웠다.

"2층은 비워둘 테니까 언제든 마음껏 쓰세요."

그래서 며칠 뒤 집 구경도 할 겸 양평 집을 찾았다. 그리고 트렁크에서 이부자리를 꺼내들고 2층에 올라가 장롱에 넣었다.

그러나 그날 이후, 나는 막상 그곳을 자주 들르지는 못했다.

퇴직한 뒤 전원살이를 꿈꾸는 사람들에게 전해주고 싶다.

차창 너머 보이는 전원살이, 현실과는 다르다는 것을.

그리고 거기서 무얼 하고 살지도 고민해보고, 실제 살아보기도 하라고 말이다.

그런 다음 예쁜 전원주택을 구입해도 시간은 충분하지 않을까.

인생에서 늦은 때란 없고, 경험만큼 유용한 투자는 없을테니.

***

멘토의
자격

인생 1막의 경험, 그리고 필요한 그 무엇

*

누군가의 멘토가 된다는 것, 퇴직한 중년 세대가 가장 하고 싶어 하는 일이다.

영화 〈인턴〉의 영향도 적지 않은 것 같다. 이 영화에서는 성공한 젊은 여성 CEO의 곁에서 묵묵히 멘토가 되어주는 70대 인턴사원의 이야기가 잔잔한 감동을 준다. 나이 든 인턴사원은, 사업에서는 성공했지만 정신적으로 힘들어하는 CEO 곁에서 지혜로운 멘토 역할을 완수했다.

영화를 보면서 나도 많은 것을 느꼈다. 그 인턴사원에게서 진짜 어른의 모습을 본 것이다.

요즘 우리나라에서 국가적으로 세대 통합형 창업을 추진하고 있다. 청년들의 아이디어와 패기에 중장년 세대의 경험과 지혜를 보태어, 성공적으로 추진될 수 있도록 돕는다는 것이다. 물론 사무실 등 인프라는 국가가 지원한다.

나는 퇴직 후에 공공기관 등 몇 군데에서 멘토로 활동하고 있다. 또한 직업 코치로 활동하면서 기업 리더들을 코칭하고 있다.

멘토링과 코칭을 할 때는 가능한 경청하고 질문을 통해 멘티가 스스로 해법을 찾도록 도움을 줘야 마땅한데, 출발은 그렇지만 하다 보면 내가 말을 너무 많이 하고 있다는 사실에 화들짝 놀랄 때가 많다. 멘토링과 코칭을 하면서 가장 어려운 점이다.

나뿐만 아니다. 우리 세대의 특징이 말을 들어주기보다 말하는 것을 더 좋아한다.

오늘 심사위원으로 초청받아 중장년 대상 공모사업 심사를 할 기회가 있었다.

발표하고 질의 응답하는 형식으로 진행되었는데, 대부분은 발표 시간을 훌쩍 넘겼다. 진행자가 끝났음을 알리는데도 막무가내로 자기 말들만 늘어놓곤 했다.

그뿐인가. 어떤 벤처기업의 대표가 나에게 애로사항을 털어놓았다.

최근 정부지원사업에 선정되어 소정의 지원금과 함께 전문가 멘토까지 받게 되었단다. 설렘은 잠시, 멘토는 처음부터 영웅담으로 시작했고, 끊임없이 자기자랑만 늘어놓는다는 것이다. 그래서 일부러 회피하거나, 급한 일을 핑계로 대충 끝낸다고 했다. 그러니 어른들의 멘토링을 받으면 일이 해결되지 않고 더 꼬인다고 푸념한다.

물론 모든 멘토가 전부 다 그렇지는 않겠지만.

우리가 훌륭한 멘토나 코치로 활동하려면 인생 1막 경험만이 전부가 아니다.

우선 사람을 보는 관점이 약점과 단점보다는 강점과 장점 중심이어야 한다. 세상의 변화, 새로운 직업과 직무에 대한 이해, 관련 소양도 필요하다.

무엇보다도 중요한 것은 커뮤니케이션 능력이다.

멘토가 되려면 인생 1막 풍부한 경륜도 중요하지만, '사람 공부, 말(대화) 공부'를 더 많이 해야 한다.

***

믿었던 것들에 대한 배신

"때론 사람을 너무 믿어서 탈일 때가 있거든."

*

"정말, 그 사람이 저한테 그럴 줄은 몰랐습니다."

후배가 푸념 섞인 한마디를 했다. 커피숍에 앉자마자 목소리를 높였다.

그는 몇 해 전 희망퇴직을 한 뒤, 믿었던 사람에게 배신을 당했단다.

이야기인즉 현역 시절 모 대학교수와 가끔씩 사적인 교류도 하면서 가깝게 지냈다고 한다.

어릴 적 교수가 꿈이었던 후배는 그 교수와의 인연이 즐겁고 소중했다. 그때 이후로 인생 2막살이의 부푼 꿈을 꾸기 시작했다. 교수가 되는 꿈 말이다.

물론 전임교수까지는 바라지 않았다. 강단에 서서 강의하는 시간강사라도 좋았다고 한다. 교수에게 어렵사리 그 꿈 이야기를 꺼내면 인생 2막은 대학에서 후학 양성을 하며 함께 지내자고 했다.

후배가 퇴직 소식을 전하자, 그 교수는 고맙게도 강의할 기회를 마련해줬다. 강의를 준비하고 먼 곳까지 가서 강의하는 것은 물론 힘은 들었지만, 한 학기 동안 후배는 늘 고마워하면서 즐겁게 강의했다.

그리고 새 학기가 다가왔다. 그런데 학교에서 강의 요청 소식이 없었다. 후배는 망설이다가 교학과로 전화를 했다. 전화기 너머로 이번 학기에는 강의 배정을 하지 않았다는 답이 퉁명스럽게 전해졌다. 마치 왜, 그런 전화를 했느냐는 말투로.

"그 순간 무척 혼란스러웠어요."

"그래서, 그 교수한테 전화는 해봤어?"

"안식년으로 외국에 가 있다고 하더군요. 그랬었냐고 되묻고는 별다른 말이 없었어요. 그러곤 그냥 전화를 끊었죠."

"그래, 자네 많이 서운했겠네. 이제 그만 잊어버려. 그래도 그 덕에 강단에 서봤으니 고맙다 생각하고."

후배는 그 후로도 한참을 퇴직 후 겪었던 푸념을 늘어놓고 있었다. 그 순간 커피숍 여기저기서 우리처럼 누군가를 원망하는 소리가 아우성치는 듯했다.

"좋은 경험 했네. 인생 1막 인연에 너무 의존하지 마. 때론 사람을 너무 믿어서 탈일 때가 있거든. 지금부터 그냥 스스로 할 수 있는 것을 찾아서 시작해봐. 자신을 믿고 천천히. 우리에겐 시간이 아직 많잖아."

얼마 전 그 후배를 다시 만났다. 얼굴에 생기가 넘쳤다. 반가운 소식을 전해왔다. 자력으로 모 대학의 산학 협력교수가 되었다고 했다.

인생 2막살이, 왕년 명함과 잘나가던 시절 인연에 너무 의존하지 말고 새롭게 시작해보자. 누군가를 믿고 의지하다 보면 그만큼 서로에게 보상심리가 따르고,

원하는 대로 되지 않을 때는 서운함과 원망만이 남을 테니까.

결국은 나 스스로 찾고 노력하고 살아가야 할, 내 인생이다.

***

강의 여행
떠나기

내 직업은 '강의 여행가'입니다

*

강의 여행을 다녀왔다.

강의 전날, 양평에 있는 후배의 전원주택에서 두 부부가 함께 바비큐, 와인파티로 맛난 저녁을 먹었다. 아름다운 주택, 앞뜰에는 잔디밭이 펼쳐져 있다. 아직은 싹트지 않았지만, 파릇파릇 고개를 쳐들기 시작한 것 같다. 새들도 날아와 짹짹 노래하며 반겨준다. 전원살이 하룻밤, 축복받은 밤이다.

다음 날 가평으로 향했다. 맛집에서 닭갈비로 점심을 먹고, 카페에서 커피 한잔, 환상의 드라이브코스도 여행했다. 그리고 2시간 동안 강의를 하고 집으로 돌아왔다.

그러니까 강의하러 가는 길에 함께 여행을 다녀 온 것이다.

가끔씩 이렇게 '강의 여행'을 한다.

10년 전쯤, 인생 2막 나의 꿈은 모범택시 기사였다.

어느 날 모범택시를 타려고 문을 열었다. 60대 후반쯤 되어 보이는 택시기사가 "손님 죄송합니다. 제 아내가 함께 타고 있는데 괜찮으시겠습니까?"라고 먼저 묻는다.

"네, 괜찮습니다."

그리고 자리에 앉자마자 앞자리 조수석에서 부인이 빼꼼 얼굴을 내밀며 고맙다고 인사를 건넨다.

사연인즉 부부가 함께 모범택시 운전을 하며 맛집도 찾아다니고 여행도 하며 산다는 것이다. 그 순간, 그 부부가 너무 부러웠다. 바로 내가 원하던 인생 2막 삶이었다.

그래서 나도 그렇게 살고 싶었는데, 나는 워낙 운전을 못해서 그 꿈을 이루지는 못했다.

지금도 그 노신사 부부의 행복한 모습이 아련히 떠오른다.

인생 2막을 멋지게 사는 또 다른 후배 이야기다.

퇴직하고 얼마 되지 않아서 그 친구가 전화를 했다. 우리 집 근처에 왔다고 차 한잔하잔다. 후배가 타고 온 1톤 화물차에는 짐이 잔뜩 실려 있었다. 후배가 부인과 함께 차에서 내린다.

"어쩐 일이니?" 물었더니, 내가 보고 싶어서 여행 왔단다. 그러니까 인생 2막에는 여행이 꿈이었는데 생활 형편이 여의치 않아서, 이렇게 가고 싶은 곳으로 화물을 운반해주면서 아내와 함께 여행을 다닌단다. 용돈도 좀 벌면서 말이다.

얼마나 멋진 인생 2막인가!

내가 인생 2막에 하고 싶은 일은 두 가지다.

강의와 여행!

그 둘 중 어느 것 하나도 포기하고 싶지 않았다. 그래서 강의 여행을 하기로 했다.

앞서 이야기한 두 경험이 내게 용기를 줬다.

나는 강의하면서 그 덕에 주변 지역 여행도 한다. 아내와 함께 강의 여행을 할 때 가장 행복하다.

강의 요청이 먼 곳일수록, 처음 가보는 곳일수록 설렘이 더 가득하다. 거제도, 설악산, 해운대… 이렇게 먼 곳일수록 말이다.

해외도 괜찮을 것 같다.

인생 2막 내 꿈, 내 직업은 강의 여행가이다.

***

부부가 함께하는 시간

혼자 있으면 외롭고 둘이 있으면 괴로운

*

퇴직한 후 만난 후배 부부 얘기다.

활발하게 사회활동을 하고 있던 아내에게 남편의 퇴직과 귀환은 달갑지 않은 소식이었으리라. 그래도 가족을 위해 고생한 남편이 퇴직했으니 아내는 큰맘 먹고 자신의 사회활동을 반으로 줄이고 남편과 함께하고 있다.

그런데도 남편은 불만이 많다. 아내를 찾을 때마다 집에 없다고 불평이다. 자신이 필요할 때만이라도 옆에 있어줘야 하는 것 아니냐고 말이다.

둘 다 서로를 위해 최선을 다한다고 하는데, 안타깝게도 서로가 불만이다.

또 다른 친구 부부 얘기다.

남편이 퇴직하기 전, 아내는 집 근처 문화센터에서 서예, 수영

등을 배우고 산악회 동아리모임 활동 등을 하며 자유롭게 살았다.

그러던 어느 날 정년퇴직을 한 남편이 왕관을 쓰고 집으로 귀환했다.

남편은 하루 종일 꿈쩍도 않고 집에서 책 보고 TV 보며 잔심부름까지 해달라며 왕 노릇을 하려 한단다. 아내는 하루 세끼 밥을 다 챙겨줘야 한다고 힘들어 한다. 어떻게 하면 좋겠냐고 묻길래 그냥 알아서 챙겨 먹게 두라고 했지만, 차마 그럴 수는 없는 노릇이라는 말이 돌아온다. 참으로 안타까운 일이다.

최근 한 조사 발표에 따르면 남편은 배우자, 자녀와 함께할 때 행복감을 느낀다고 한다. 그러나 아내는 함께 있으면 행복한 사람이 친구, 이웃, 부모, 형제, 그리고 마지막쯤이 남편이라 했다.

바로 이게 문제다.

남편은 인생 2막을 아내와 함께 있기를 간절히 원하는데, 아내는 그렇지 않다. 사실 대부분 다 그렇다(물론 예외는 있다). 퇴직하면 남자는 갈 곳이 마땅치 않지만 여자는 무궁무진하다. 남자들은 사회초년생으로 전락해버리지만 여자들은 그렇지 않다. 여자들은 직장을 다녔든 가정주부였든 이미 사회생활의 달인이 되어 있는 것이다. 그래서 문만 열고 나가면 갈 곳 천지다. 반면, 남자들은 문 열고 나가도 문 닫고 들어와도 오갈 데가 없다.

물론 인생 2막을 부부가 함께한다는 것은 부부의 성격이나 그동안의 생활 패턴에 따라 많이 다를 것이다. 정답이 있다고 할 수 없지만 깊은 이해와 배려가 전제되어야 가능할 것이다.

인생 2막을 앞두고 다시 서로를 알아가는 과정이 필요하다.

연애할 때 그 시절로 다시 돌아가서 말이다. 먼저 함께 있고 싶은 사람이 되어야, 부부가 함께하는 시간이 더 행복할 테니까.

나도 퇴직한 후 아내와 함께하는 시간이 많았다.

아내에게 불편한 사람이 되지 않겠다고 스스로 다짐하고 행동하려 했다.

그래서 함께하는 시간에는 아내와 대화를 많이 한다. 예전에는 꼭 필요한 얘기만 했지만, 지금은 거의 수다를 떤다고 할 수 있을 만큼 시시콜콜한 얘기까지 장난스레 주고받는다. 그리고 아내의 의견을 귀담아 듣고 무조건 존중한다.

내가 생각해도 기특한, 가장 큰 변화는 아내의 말에 절대 딴지를 걸지 않는다는 것이다. 아내가 먼저 제안하는 것은 무조건 따른다. 아내도 내가 먼저 제안한 것은 무조건 따라준다. 물론, 서로 상의해야 할 예외의 경우가 아주 간혹 있긴 하지만.

누군가 우스갯소리로 말했다.

부부란 혼자 있을 때는 외롭고, 둘이 있으면 괴로운 관계라고.

부부가 함께하기 위해 중요한 것은 서로가 서로를 위한다는 존중과 믿음, 그리고 이해와 배려이다.

***

부부의
취미생활

따로 또 같이, 균형 있는 삶

*

오늘 TV프로그램의 토론 주제가 '부부의 취미생활'이다.

사연인즉 남편이 아내에게 골프, 등산 등의 취미생활을 함께하자는 것이다. 하지만 아내는 별로 관심이 없다. 남편이 자기가 좋아하는 것을 강요해서 싫다는 것이다. 아내는 지금도 서예, 노래를 배우러 다닌다. 본인 취미만 즐기기에도 바쁘다.

남편은 젊었을 때 아내와 함께하지 못해 미안하단다. 그래서 지금부터라도 취미생활을 함께하며 아내와 오순도순 살고 싶단다. 그런데 아내는 같이 먹고 자고 하는 것도 힘든데 취미생활까지…. 너무 싫단다.

토론자들도 의견이 팽팽하다. 부부가 함께하는 게 좋다는 의견과 따로따로 각자 하고 싶은 것, 좋아하는 것 하면서 사는 게 좋다는 의견으로 열띤 토론을 벌였다.

나 역시 같은 문제로 고민을 많이 했다. 그 프로그램의 주인공처럼, 취미생활을 아내와 함께하고 싶었다. 인생 1막에서 남긴 미안함에, 죗값이라도 치르려는 듯 말이다.

그런데 아무리 곰곰 생각해봐도 아내와 함께할 수 있는 취미활동이 없었다.

'내 취미가 뭐지?'

등산? 독서? 사실은 모두 아니다. 그저 누군가 내 취미를 물어오면 그냥 그렇게 대답했던 것 같다. 취미라는 게 마땅히 없어서 말이다.

사실, 대부분 아내들은 혼자서도 바쁘게 생활하고 있다. 물론 취미활동도 충분히 하고 있다. 그런데 남편들은 준비가 되어 있지 않다. 30년 세월 동안 매일 일하고 술 먹다 집으로 돌아온다.

그래서 갑자기 부부가 공동 취미생활을 하기란 쉽지 않다. 부부로 살지만 서로가 달라도 너무 많이 다르기 때문이다. 성격, 관심사, 취미생활 등 모두 다.

미리부터 서로가 함께할 수 있는 공동 관심사를 정하고, 배우고, 해봐야 함께 할 수 있다. 그렇다 해도 서로 많은 이해와 배려가 뒷받침되어 있지 않으면 어렵다.

우리 부부는 다행히 '노는 게' 비슷했다. 물론 좀 더 정확히 말하면 아내가 나한테 맞춰 주는 것이지만. 많은 사람들과 어울리는 취미생활보다 둘이, 몇몇이 함께하는 시간을 좋아한다.

우리는 내가 퇴직한 뒤 우선, 산책하고 영화 보는 간단한 취미생활부터 시작했다. 그리고 등산과 여행으로 조금씩 보폭을

넓혀갔다.

최근에는 사교춤을 배우러 문화교실을 찾아갔다. 누군가 귀띔한다. 춤은 부부가 함께 배우면 불편하고 수강생들도 좋아하지 않는다고 말이다.

하지만 우리 부부는 앞으로도 늘 다양한 시도를 해볼 작정이다.

퇴직 후 갑자기 부부가 함께 하는 취미생활을 꿈꾸지 말자.

강요해서는 안 된다.

각자의 취미생활을 존중하되, 부부가 함께할 수 있는 작은 시도를 해보는 건 어떨까.

따로, 또 같이, 균형 있는 삶!

마음을 다치지 않도록 조심조심, 하지만 새로운 취미를 찾아 함께 해보자.

***

'뭐라도 학교'

지금 바로, 뭐라도 시작하자

*

'뭐라도 학교'. 참 재밌는 이름이다.

얼마 전 강의 요청을 받고 수원시평생학습관에 갔다. 뭐라도 학교는 시니어 대상으로 인생 2막 설계를 돕는 교육 프로그램이다.

몇 년 전부터 100세 시대를 대비하여 시니어를 대상으로 하는 교육기관들이 많아지고 있다. 물론 지자체, 백화점 문화교실 등 집 밖으로 한 걸음만 나가면 돈을 조금만 내고도 학습할 수 있는 평생교육시설은 이미 주변에 많이 있다.

그리고, 최근 5060세대를 대상으로 특화된 프로그램들이 많이 설계되고 있다.

그중에서도 유행처럼 나타나고 있는 것이 바로 '인생학교'다.

인생학교는 행복한 삶을 사는 기술을 가르치기 위해 영국 런던에서 출발했다고 한다. 우리나라에도 인생학교와 유사한 프로그램들이 전국 도처에서 속속 개설되고 있다.

고령화 시대에 대비한 평생학습프로그램들로, 명칭들도 매우 다양하다. 인생 재설계학교, 활기찬 노후설계학교, 인생 디자인학교, 탐나는 5060인생학교 등.

퇴직한 사람들끼리 만나면 첫 마디가 "요즘, 뭐하고 지내?"

퇴직을 앞둔 사람들을 만나면 "앞으로 뭐할 거야?"

우리는 이렇게 인사를 나눈다.

나는 만나는 사람들이 내게 물어오면, 우선 '뭐라도 시작'하라고 답한다. 무엇을 해야 할지 막막할 때 뭐라도 하다 보면 앞이 보이기 시작한다고 말이다.

하고 싶은 일을 찾는다는 것이 어디 쉽겠는가? 그러니까 일단 '뭐라도 해보자'는 것이다.

며칠 전 강의 시간에 받았던 수강생의 질문이 떠오른다.

"퇴직하고 집에 있으니 도대체 기쁜 일이 없네요. 어떻게 하면 좋을까요?"

나는 이렇게 답했다.

"일단 집에만 있지 말고 집 밖으로 나오세요. 이렇게 배움터에 오셔서 새로운 걸 배우고 사람들을 만나다 보면 즐거운 일이 생길 겁니다. 그리고 작은 활동거리라도 찾아서 의미와 재미를 찾는다면 삶의 기쁨이 샘솟지 않을까요? 일단, 뭐라도 시작해보세요."

강의 시간이 끝난 뒤, 그분은 오늘부터 뭐라도 시작해야겠다고 하면서 고맙다며 내게 초콜릿 하나를 살며시 건넸다.

참 기쁘고 감사했다.

인생 2막이 고민일 때, 일단 뭐라도 지금 당장 시작해보자.

***

인생 2막 준비를 위한 Tip

낯선 세상 속으로

직장살이에서 마을살이로

*

선배가 아우성이다. 이제 살아가기 힘든 세상이 됐다고.

이유인즉 이러했다. 햄버거 가게에 갔는데 사람이 없고 입구부터 기계를 상대해야 했다고, 너무 어렵고 귀찮다는 것이다.

순간 몇 년 전 퇴직한 뒤 경험했던 일들이 떠올랐다.

퇴직하고 나서 처음으로 집에 혼자 있는 시간이었다.

점심을 먹으려고 부엌에 갔다. 밥을 챙겨 먹어야 하는데 난감하다. 압력 밥솥이 열리지 않는다. 한참을 실랑이한 끝에 밥솥을 여는 데 성공했다.

그 순간 천하를 얻은 듯한 성취감과 함께, 대체 밥솥을 왜 이렇게 만들었을까?하는 의문이 함께했다. 내가 경험한 생활 상식으로는 가지런한 상태에서 열리는 게 맞는데, 내가 알던 상식과 달랐던 것이다.

집에 돌아온 아내에게 이야기했더니 박장대소하며, 미리 말해주지 못해 미안하다고 했다. 나만 그런가 했는데, 최근 강의 도중에 어떤 분이 나와 똑같은 경험을 했다고 했다. 그때 심정으로는 밥솥을 부숴버리고 싶을 정도였다고 한다.

회사 다닐 때는 주로 자가용으로 출퇴근 했다. 퇴직한 뒤로는 건강을 위해 대중교통을 이용하기로 했다. 물론, 운전도 어렵고 주차하기도 힘든 이유도 있다. 오랜만에 지하철과 버스타기란 내게 쉽지 않은 도전이었다. 그사이 시스템이 엄청나게 달라졌다. 어느 날은 지하철을 타러 갔는데 어제까지 반겨주던 매표소가 없어졌다. 한참을 헤매다 물어물어 겨우 탈 수 있었다.

한번은 아내와 함께 버스를 타다가 이유도 모르고 버스기사에게 혼난 적도 있다. 두 사람이 탈 때는 먼저 두 사람이라고 얘기한 다음 카드 리더기에 찍어야 하는데, 카드를 찍고 나서 나중에 두 사람이라고 말했다는 이유였다. 막상 그때는 그 말조차 이해 못하고 한참 뒤에야 알아들었다.

그뿐인가? 매일 새벽이면 나가서 회사와 회사 근처에서 하루 종일 살다가 밤이면 잠시 들렀던 곳, 그게 '집'이었다. 하숙집이나 다름없던 집이 이제는 하루 종일 지내야 하는 공간이 됐다. 직장은 익숙한 사람, 익숙한 사물로 가득했는데, 집 근처는 아는 이웃도 없고 익숙한 것도 없는 너무나 낯선 곳이다.

어떻게 하면 이 낯선 곳과 친해질 수 있을까?

우선 쉽게 할 수 있는 것이 엘리베이터 오르내리며 만나는 이웃사람들에게 인사를 나누는 것이었다. 그러나 이웃의 반응은 늘 내 마음 같지는 않았다. 긴 시간 나름 노력은 했지만 이웃사촌을 만들기는 쉽지 않았다. 아마도 아파트 공동체 생활의 한계일 것이다.

어찌됐든 퇴직하면 우리는 '마을살이'를 해야 한다.

삶의 터전도 직장 중심에서 거주지 중심으로 바꿔야 한다.

함께 살아가는 사람들도 직장 동료가 아닌 이웃 사람들이다.

인생 2막은 마을에서 이웃 사람들과 더불어 살아가야 한다.

평생 직장 울타리 속에서 우물 안 개구리처럼 살아오다가 세상 밖으로 나와보니, 모든 게 낯설다. 이제 낯선 세상에서 혼자 힘으로 헤쳐나가야 한다. 나이 들었다고 도와주는 사람도 없다. 모든 것을 혼자 해결하며 살아가야 하는 것이다.

직장살이 하는 동안 바깥세상이 변해도 참 많이 변했다.

이럴 줄 알았으면 세상 밖 구경을 좀 더 일찍 할걸 그랬나.

작가 버나드 쇼의 묘비명이 떠오른다.

"우물쭈물하다가 내 이럴 줄 알았지!"

***

자전거 학교 40일의 깨달음

내가 잘한다는 것, 우물 안 개구리였다

*

"두 분이 자전거 함께 배워보시죠. 참 재밌어요."

퇴직 후 아내와 함께 운동 삼아 자전거 타기를 꿈꿨다.

그러나 아내는 자전거를 타지 못했다.

딸도 어릴 적부터 자전거를 무척 타고 싶어 했다. 그런데 자전거 가르치기가 쉽지 않았다. 부부가 서로 자동차나 자전거 등 운전을 가르치면 결국 싸움으로 번지고 만다는 속설도 있지 않나.

그러던 차에 아내 지인이 아내에게 자전거 학교에서 배우기를 권했다.

그러면서 나까지 덩달아 함께 배우라고 말이다.

내 고향은 소위 '깡촌'이다. 중학교 3년 동안 시골 비포장도로 8km를 자전거로 통학했다. 입학 후 몇 달을 걸어 다녔는데 너무

멀기만 했다. 그래서 자전거를 무작정 끌고 나가 타기 시작했다. 누군가에게 자전거 타는 법을 따로 배우지도 못했다. 그냥 넘어지며, 부딪히며, 무릎이 깨지며 산길을 달렸다.

그렇게 3년을 탔는데...

그런데 그런 나에게 자전거 학교에 입학하라니? 처음에는 황당할 지경이었다.

하지만 아내와 딸만 보내기가 좀 뭣해서, 얼떨결에 결국 나도 함께 입학하고 말았다.

자전거를 타고 내리는 방법, 끌고 다니는 방법, 페달을 밟는 방법, 속도를 조절하는 방법, 도로에서 타는 방법…….

매일 두시간씩이나 자전거 타기를 훈련했다.

하루 이틀은 지루하고 재미없었다. 너무 시시하다고 생각했기 때문일까?

그런데 배우면 배울수록 재밌었다. 신기했다.

자전거 배우는 게 이렇게나 재미있다니?

나는 학창 시절 3년 동안 자전거를 비가 오나 눈이 오나 바람이 부나 타고 다녔다. 그러니 늘 잘 탄다고 자신만만하게 얘기하곤 했다.

그런데 웬걸? 막상 배워보니 여전히 모르는 것투성이였다.

모든 걸 잘 안다고 믿었던 자전거에 대해서!

그래서 3주 동안 기본 과정을 졸업하고, 중급 과정에 입학했다. 이어서 고급 과정에 등록한 뒤 자전거 수리하는 법까지 배웠다.

40일 동안 매일 두시간씩 배우고 나니 길거리에서 자전거 타는 사람들을 볼 때마다. 드디어 보이기 시작했다.

자전거를 제대로 배우고 타는지, 그냥 타는지.

많은 사람들이 인생 1막에 쌓아온 경력과 경험을 인생 2막의 필살기라고 생각한다.

내가 잘한다고 믿는 능력이 정말로 잘할 수 있는 것일까?

곰곰이 따져보니 인생 1막 경험을 통해 그래도 잘할 수 있겠다고 생각했던 것은 많았다. 그런데 정말 제대로 잘할 수 있는 것은 별로 없는 것 같다.

자전거를 3년 동안 탔는데도 여전히 배울 게 많은 것처럼.

인생 2막에서 필요한 것은 인생 1막의 경험이 아니다.

그 경험들 가운데 인생 2막에서 사용할 수 있을 역량을 제대로 다듬어, 나만의 필살기를 갖춰야 한다.

***

"무엇으로 기여하실 건가요?"

왕년의 내가 아닌 지금 잘할 수 있는 것

*

"우리 지역 봉사 점수가 있나요?"

면접관의 질문에 대답하지 못했다.

주민자치위원 면접시험이다. 면접관들 앞에 앉았다.

오랜만인 면접시험이어서인지 퍽 긴장이 됐다.

"주민자치위원에 응시한 동기는 무엇입니까?"

"언제부터 우리 지역에 사셨지요?"

"우리 동의 인구는 몇 명인지 아십니까?"

"우리 지역의 특징은 뭐라고 할 수 있을까요?"

잘할 수 있는 게 무엇이냐는 면접관의 질문에 이렇게 대답했다.

"경영 현장에서 30여 년 실무 경험이 있습니다. 경영에 전문성이 있고, 사회복지에 대한 전문성도 있습니다. 그래서 이런 경험을 토대로 지역사회 발전에 기여하고자 합니다."

면접관이 다시 묻는다.

"그런 거 말고 우리 지역을 위해서 잘하실 수 있는 게 무엇입니까? 가령 마을 축제, 김장나누기 봉사. 이런 구체적인 것들 말입니다." 나는 앞으로 경험하면서 최선을 다하겠다고 대답했다. 이렇게 면접은 끝났다.

예측대로, 나는 불합격이었다.

퇴직한 뒤 지역사회에서 봉사하면서 이웃들과의 '마을살이'를 꿈꿨다. 그래서 커뮤니티가 잘 구성돼있는 아파트 단지로 이사를 했다.

나는 인생 1막에서의 풍부한 경험, 경영 전문성(경영학박사), 국제코치연맹인증코치(PCC), 사회복지 분야 전문성(사회복지사)을 갖추고 있다. 나름대로 지역사회 일꾼으로 손색없다고 생각했다.

그런데 자만이었나 보다.

불합격 소식을 접하고 만감이 교차했다.

"맞아요. 요즘은 봉사도 마음대로 할 수 없어요. 하고 싶다고 할 수 있는 게 아니더라고요."

불합격한 경험담을 강의 중에 꺼냈더니 이런저런 이야기들이 나왔다.

그러고 보니 나는 지역사회를 전혀 모른다.

제대로 알지도 못하면서 그저 의욕만 앞세워 도전했으니, 결과는 이미 뻔한 게 아니겠는가!

실패를 교훈 삼아 잘 준비해서, 다음 주민자치위원 공모가 있을 때 다시 도전하기로 마음먹었다.

그날부터 지역사회에 대한 공부도 열심히 했다. 관련 기관, 단체 등에 가서 강의도 듣고 해당 분야 전문가를 만나서 배웠다.

그렇게 시간이 흘러 3개월이 지나고, 기다렸던 주민자치위원 모집 공고가 아파트 게시판에 다시 붙었다. 응시원서를 작성해서 주민센터에 접수했다. 담당자가 나지막이 말하며 웃는다.

"또 오셨네요. 재수하시는 분은 처음이에요."

그리고 며칠 뒤, 다시 면접관 앞에 앉았다.

"이렇게 재수까지 하면서 하고자 하는 동기는 뭡니까? 주민자치위원의 역할은?"

겸손한 마음으로 열심히 준비했기 때문일까. 전과는 달리 대답도 좀 더 구체적으로 잘하였다.

며칠 후 드디어! 합격 통지서를 받았다.

첫 회의에 참석했더니 나를 향한 관심들이 엄청났다. 재수까지 하면서 봉사하겠다고 찾아온 특별한 신입위원이라고.

최근에는 나도 가끔 면접위원으로 참여한다.

"뭘 잘하실 수 있으세요?"

질문이 끝나기도 전에 과거 자랑을 쉼 없이 늘어놓는다.

어떤 사람은 마치, '내가 누군지 알아? 왕년에 내가 이랬던 사람이야'라고 절규하는 듯하다.

중요한 것은 '지금' 잘하고 기여할 수 있는 것이 무엇인지가 아닐까?

인생 1막의 스펙과 경험이 모두 고스란히 인생 2막의 디딤돌이 되는 것은 아니다. 오히려 걸림돌이 될 수도 있다. 아무리 오랜 시간 동안 열심히 쌓아온 경험이라 해도 말이다.

인생 1막의 경험과 강점을 인생 2막에서 내가 하고 싶은 일에 쓸 수 있으려면, 미리 변화에 맞춰 다시 갈고닦아야 한다는 값진 교훈을 얻었다.

쓸모 있는 능력으로.

***

인생 2막
어떻게 살 것인가

퇴직, 끝이 아닌 다른 시작

인생 2막살이 에이스(ace)가 필요하다

마음가짐, 의사소통, 전문성이 기본

*

가끔 공공기관 면접관으로 참석할 때가 있다. 대부분 사회공헌형 일자리 면접이다.

큰돈을 주는 일자리도 아닌데 많은 사람들이 몰려 경쟁이 엄청 치열하다. 그중 경력이 대단히 화려한 사람들이 많다. 그들은 면접장에 들어오면 왕년의 성공담을 이야기한다.

"□□에서 □□년 동안 □□으로 □□일을 하고 정년퇴직했습니다."

어떤 사람들은 말려도 멈추지 않고 자랑을 늘어놓는다.

인생 1막과 2막, 역할이 다르니 필요한 역량도 다르다.

인생 2막살이, 정말로 어떤 능력이 필요할까?

면접관들은 면접자들의 왕년이 궁금하지 않다.

왕년에 했던 일을 하는 자리가 아니니까.

지금 할 수 있는 능력이 있는지를 찾고 있는 것이다.

그저 일자리에 맞는 스펙과 역량을 갖춘 사람을 찾고 있는 것이다.

그들이 원하는 사람은 그 일을 잘 할 수 있는 사람, ACE이다.

긍정적인 태도(Attitude), 의사소통 능력(Communication), 자기 완결적인 실무 능력(Expert)을 갖춘 사람이다.

가장 중요한 역량은 태도(Attitude)이다.

'자신의 일에 어떤 마음으로 임하고 있는가?' 자신감을 갖고 자발적, 의욕적으로 일할 수 있는 사람, 즉 긍정심리자본을 갖춘 사람이다.

프레드 루당스 교수는 조직원들의 긍정심리 상태를 연구하여 긍정심리 자본(**자신감, 낙관주의, 희망, 복원력**)을 제시했다. 긍정심리 자본은 우리가 일상에서 겪는 난관과 좌절, 그리고 역경 등을 헤쳐 나갈 방향을 제시하고, 조직에서 긍정적인 행동을 하게 해주는 것을 말한다.

그리고 중요한 역량은 커뮤니케이션(Communication) 능력, 즉 의사소통 능력을 갖춘 사람이다. 100세 시대, 조직 안에서는 다양한 연령층들이 함께 소통하며 일한다.

그런데 각 연령층마다 사용하는 언어가 다르고, 해석하는 프레임이 다르다.

특히, 중장년층들과 함께 일하는 사람들은 그들과의 소통에 어려움을 느낀다.

중장년, 그들은 자신의 주장이 고집스럽게 강하다. 과거 경험에 의한 고정관념과 편견이 있다. 매사에 간섭하고 참견하려 든다.

때론 '안하무인' 격으로. 그래서 젊은 세대들은 난감해한다.

조직에서 잘 소통하려면 상대방의 언어를 이해하려 하고, 상대방의 이야기를 잘 경청하고 공감하는 자세가 필요하다. 그리고 궁금한 것, 모르는 것이 있으면 짐작으로 추정하지 말고 질문해서 정확하게 이해해야 한다. 정확히 이해해야 의사소통이 잘 이루어진다. 의사소통이 잘 되면 서로 다른 경험과 관점이 더 나은 조화를 이룰 수 있을 것이다.

마지막으로 자기완결적 일처리 능력(Expert)이 중요하다.

자신이 맡은 일을 처음부터 끝까지 혼자 힘으로 스스로 해낼 수 있어야 한다.

인생 2막살이를 시작하는 사람들은 대부분 인생 1막의 정점, 가장 화려한 시절을 지나온 사람들이다. 이력서 기록처럼 말이다.

그러나 새로운 곳에서는 그 시절과는 다르다. 새로운 역할에 맞는 능력이 있어야 한다. 왕년의 성공담이 아닌 인생 2막의 이력서! 리더 역할로 재취업 하는 사람도 있겠지만, 대다수는 실무자로 취업하는 사회초년생이다. 기본 소양과 실무 능력이 중시된다. 컴퓨터 활용 능력이나 문서 작성 능력 등은 두말 할 것 없는 기본 기술이다.

다시 한 번 명심하자.

인생 2막살이의 에이스가 되려면, 먼저 ACE(Attitude, Communication, Expert)를 갖추자.

또한 인생 1막을 졸업하고 2막을 준비하는 '취준생'으로서의 마음가짐도 필요하다.

젊은 어른으로 살아가려면

나이 들수록 말하기를 줄이고, 잘 들어주기

*

운전기사와 뒷자리 승객 한 분이 큰 소리로 작금의 현실 정치에 대한 견해를 열심히 피력하는 중이다. 대학병원 근처 약국에서 지하철역까지 제공되는 셔틀버스 안, 작은 공간에 6명이 함께 있다.

처음에는 기사분이 화두를 꺼내고 승객이 답하는 문답이었다. 그런데 어느새 둘은 큰 소리로 각자 주장만 말한다.

버스 안은 소음으로 가득 찼다. 아무도 듣지 않고 짜증난 표정이다.

급기야 한 승객이 소리친다.

"거 좀 그만합시다!"

그제야 비로소 사태는 종결됐다.

이런 경험도 있었다.

지난여름, 강의가 끝나고 근처 골목길 막국수 집에 들른 적이 있다.

나름 맛집인지 점심때가 훨씬 지났는데도 자리가 꽉 찼다.

두 테이블에 여자 손님 8명이 앉아 식사 중이었다. 바로 옆자리에 앉았다.

그런데 참 놀랍고 신기하다. 8명이 한꺼번에 소통을 하고 있다. 대각선으로 4개의 주제가 바쁘게 돌아다닌다. 소통의 달인들이다. 남자들은 감히 해내기 힘든 모습이다.

그런데 아니나 다를까 일이 벌어지고 말았다. 화난 목소리가 쩌렁쩌렁 울려 퍼진다. 나도 말 좀 하자고 아우성치는 소리들. 자기가 말하는 절대량이 상대방보다 부족했나 보다.

듣고만 있다가, 말하고 싶은 욕구가 솟구쳐 분노가 폭발한 게다.

그 뿐인가. 조직 내에서의 소통은 더 어렵다.

중견기업 임원을 코칭했을 때다. 그 임원은 자신의 강점이 소통을 잘하는 것이라 했다. 그런데 그 조직의 구성원들은 그 임원이 보완할 점으로 의사소통을 짚었다. 그래서 대화를 주제로 코칭하기로 했다. 코칭 중, 그 임원이 고백했다. 자신은 말하기와 듣기 비율이 30:70인 줄 알았는데, 자세히 점검해보니 70:30이라고 말이다.

순간, 나는 말을 덧붙일 뻔했다. 어쩌면 90:10일 수도 있지 않을까라고.

사실 우리가 말하는 90퍼센트 속에는 명령, 지시, 조언, 충고, 가르침, 교육 등이 범벅되어 있다. 듣는 상대방은 이를 두고 간섭과 지적, 참견, 훈계, 즉 한마디로 잔소리라 받아들인다.

우리가 잔소리를 하는 이유가 어디 한두 가지인가. 아마도 수십, 수만 가지일 것이다.

인생 1막에서 충전한 고지식과 고정관념, 선입견, 편견이 잔소리를 뿜어낸다.

잔소리를 하지 말아야 하는 이유를, 나는 단 한 가지라고 본다.

정작 상대방에게는 효과가 없다는 것이다.

그러니 잔소리해봐야 소용없다. 상대가 원치도 않고 상대에게 상처만 주기 때문이다.

나이 들면서 범하기 쉬운 오류 중 하나는, 어른으로서 젊은이들에게 조언과 충고를 해야 한다는 충동을 억제하지 못하는 것이다. 그래서 시도 때도 없이 잔소리를 해대는 것일 게다.

인생 2막, 존경을 받으려면 가능한 말하기를 줄이고 상대의 말을 귀담아 잘 들어주자. 그리고 상대가 원할 때 말해주자. 그래도 늦지 않다. 상대의 말을 평가하지 말고 조언이나 충고해주고 싶은 욕구를 절제하자.

그래야 존경받는 젊은 어른이 될 수 있다.

'나이가 들수록 귀와 지갑은 더 활짝 열고, 입은 닫아야 한다'라는 말이 있다.

우스갯소리로 넘겨버려서는 안 될 말이다.

***

아버지도
사표를 좀 내자

내가 달라지니 아들이 달라졌다

*

아들이 해외에서 대학을 졸업하고 집으로 돌아왔다.

아내와 둘이 살던 집은 아들이 들어오니 꽉 찼다.

아들은 입구 쪽 방을 차지했다. 들락날락할 때마다 일거수일투족이 눈에 띈다. 못마땅한 것투성이다. 훌쩍 성인이 되어 나타난 아들이 내 마음속에는 오래전 집 떠날때 철부지 고등학생 때 모습, 그대로 자리하고 있었던 것이다.

아들은 취업전쟁에 뛰어들어 밤낮으로 몰두했다. 밤늦게까지 인터넷을 뒤지다 잠들어 제때 일어나지도 못했다. 그런데 그렇게 고생하는 과정은 내 눈에 들어오지 않았다.

아침 늦게까지 자고 있는 그 모습만으로 판단했다.

게으르다고.

나는 새벽에 집을 나서 밤 늦게 돌아왔다. 인생 1막을 그렇게 살았다.

그래서인지 아들의 불규칙적인 생활 모습이 눈에 거슬렸다.

내 삶의 철학은 성실이다. 그러니 오죽했겠는가.

아들의 행동에 잔소리를 하지 않을 수 없었다.

나는 아버지니까. 아들을 많이 사랑하니까.

그런데 내가 다가가면 다가갈수록 관계는 더 악화됐다.

아들과 나 사이에서 아내는 얼마나 마음고생이 많았을까.

돌이켜봐도 많이 미안하다.

얼마 후 아들은 무역회사에 취업했다.

취업 축하를 하던 날, 아들은 2년만 회사에서 배우고 사업을 하겠다고 했다. 2년 후, 호언장담한 대로 퇴사했다. 그리고 사업을 시작해서 지금 재미있게 잘하고 있다.

돌이켜보면, 아들도 나름 삶의 목표가 뚜렷했고 약속을 잘 지켜가며 살고 있었다.

그래서 많이 미안하다. 힘든 과정에서 홀로서기를 준비하고 있었는데 격려를 해주지 못할망정, 얼마나 힘들었을까.

보다 못해 아내가 어느 날 이야기했다.

"여보, 우리 아들 자랑스럽지? 혼자 알아서 잘해내잖아. 당신 눈높이로 보면 아직 어리고, 부족한 것도 많겠지만, 그래도 대단하잖아. 힘들다는 말 한번 안 하고 스스로 알아서 해내니까."

그랬다. 아내 말이 맞았다. 내 눈높이, 내 잣대로 아들의 행동을 재단했으니 나보다 잘한 게 아무것도 없어 보였다.

그 후 나는 무조건 아들을 믿기로 했다. 긍정적으로 바라보기 시작했다.

내가 생각해도 참 많이 변했다. 이제 아들의 삶에 간섭하지 않고 가끔씩 칭찬과 격려만 해준다. 그리고 아들이 먼저 물어올 때만 도움말을 해주는 아버지, 친구 같은 멘토이자 코치로 살아가기로 했다.

며칠 전 아들 생일에, 손 편지를 썼다.

"나는 네가 내 아들이라서 자랑스럽다."

아들이 감동했단다. 우리 사이는 몰라보게 좋아졌다. 이제 서로를 좋아하고 누구보다 더 신뢰한다.

어느 날 강의에서 질문을 받았다.

"퇴직 후 아들하고 관계가 많이 나빠졌는데 어떻게 해결할 수 있나요?" 내 동년배쯤 되어 보이는 남자분이었다. 나와 비슷한 상황을 겪고 있었다. 그분한테 질문했다.

"어떤 상황에서 그러세요?"

"제가 무슨 말만 하면 그럽니다."

"그럼 무슨 말도 하지 마세요. 가능한 말씀을 줄여보세요. 그냥 아드님이 알아서 잘할 거라고 믿고 묵묵히 지켜봐주시면 됩니다."

최근에 퇴직한 중장년을 대상으로 설문한 결과, 퇴직 후 가장 나빠지는 관계가 부자지간이라고 한다. 아마도 아버지 입장에서 아들에 대한 기대심리가 작동해 관심을 쏟는데, 아들은 간섭이라고 생각하는 관점의 차이 때문일 것이다.

'관심과 간섭', 백지 한 장의 차이다. 이제는 자기주도적인 삶을 살고 싶다는 아들의 몸부림인지도 모르고 말이다.

아무튼 잔소리는 아무런 효험이 없다. 그저 서로 간의 관계만 나빠질 뿐이다.

이제 아들은 아들의 삶을 살아가도록 그냥 놔두자. 아들도 이제 어엿한 성인이니까.

최근에 《며느리 사표》라는 책을 읽은 적이 있다.

이제 우리 아버지들도 사표를 좀 내자.

그리고 내 삶에 더 충실해야 할 때가 아닌가.

내가 달라져야 아들이 달라진다. 직접 경험한 귀한 교훈이다.

***

인생 2막
어떻게 살 것인가

퇴직, 끝이 아닌 다른 시작

7척 바보,
꼰대 탈출하기

'척'하는 당신은 영원한 꼰대

*

100세 장수시대, 우리는 청년일까, 어른일까.

5060세대, 몸도 마음도 나이 듦이 느껴지니 청년은 아닌 것 같고, 어른임이 분명하다. 맞다, '젊은 어른'이다.

어느 날, 우리도 어른이 됐는데 어떻게 하면 어른 노릇을 잘하며 살 수 있을지 아내와 함께 이야기했다. 깊은 고민 끝에 생각해 낸 해결책은, '7척 바보처럼 살지 않기'다.

젊은 어른으로 존중받고 살려면 '7가지 척을 하지 말고 살자'는 것이다. 요약하자면,

1. 잘난 척하지 않기: 잘난 척하고 살면 힘들다. 교훈적 말투로 가르치려 하면 다른 사람들이 싫어한다. 겸손한 자세와 언행이 존중받는다.

2. 있는 척하지 않기: 있으면 베풀고 살자. 나누지 않고 있는 척

만 하는 사람은 최악이다.

3. 센 척하지 않기: 센 척하고 살면 해결해줘야 할 일이 너무 많아 고생한다. 대부분 사기꾼이 많다.

4. 나이 든 척하지 않기: 나이 든 척하면 싫어한다. 나잇값 하고 살기도 힘들다. 자신을 가꿔서 가능한 젊게 살자.

5. 아는 척하지 않기: 경험이 전부가 아니다. 지금 할 수 있는 것이 중요하다.

6. 건강한 척하지 않기: 건강한 척하지 마라. 평생 앞만 보고 달려왔는데 고장 난 곳이 많을 게다. 쓸데없는 과신은 금물이다. 건강을 잃으면 모든 것을 다 잃는다.

7.착한 척하지 않기: 모든 사람에게 좋은 사람으로 살지 말고 안 되는 것은 안 된다고 표현하며 살자. 착한 척하고 사는 것만큼 힘든 삶이 없다. 때로는 미움받을 용기도 필요하다. 더 편안한 나 자신을 위해.

'7척 바보로 살지 않기'를 결심한 요즘, 나는 어디에서든 왕년 이야기를 꺼내지 않는다. 강의할 때도 꼭 필요한 경우나 묻기 전에는 과거 경력을 말하지 않는다.

아는 척도 하지 않는다. 물어보면 그때서야 내가 아는 것만 얘기한다.

네트워크, 인맥을 자랑하지도 않는다. 그냥 내가 감당할 수 있는 만큼만 유지하며 교류한다.

건강한 척하지 않고 건강검진을 정기적으로 한다. 아프면 얼른 병원에 간다.

그리고 삶의 최우선 순위를 건강에 둔다. 생활 속 운동을 즐긴다.

물론, 나이 든 척도 하지 않는다. 나잇값 하려면 더 힘드니까. 가능한 젊게 살려고 애쓴다.

착한 척도 하지 않는다. 그냥 내 뜻 내 기준대로 산다. 더이상 남의 시선을 의식하지 않는다.

예전에는 착한 척하고 사느라 너무 많이 고생했다. 싫다는 표현도 제때 제대로 하지 못했다. 지금은 싫으면 싫다, 좋으면 좋다고 표현하고 산다. 내가 싫은 일은 하지 않고, 불편한 사람은 만나지 않는다. 오롯이 내가 내 삶의 중심이다.

인생 2막, 7척 바보처럼 살지 않기.

"봐도 못 본 척, 들어도 못 들은 척, 알아도 모르는 척" 사는 것은 어떤가.

처음 시도하기는 힘들어도 일단 시작하면 이렇게 편하고 쉬울 수가 없다.

이것이야말로 바로 젊은 어른으로 존중받으며 살 수 있는, 나만의 '꼰대탈출 비법'이다.

***

부부 사이,
행복의 원천

평생 불륜처럼 살아가기

*

할아버지와 할머니가 함께 퀴즈를 푸는 TV 프로그램이었다.

정답은 '천생연분'. 할아버지가 문제를 보더니 할머니에게 힌트를 줬다.

"우리 사이!"

할머니가 숨 쉴 틈도 없이 답한다.

"웬수!"

그러자 할아버지가 당황해하며 손가락 네 개를 펴 보인다. 목소리가 다급해졌다.

"아니, 네 글자로."

할머니가 한 치의 망설임도 없이 큰 소리로 답한다.

"평.생.웬.수!"

좌중은 물론 TV를 보던 시청자들에게도 큰 웃음을 주었던 기억이 난다.

부부 사이란 어떤 사이일까.

어쩌면 알다가도 모를 사이. 오랜 시간 함께 살긴 살았는데 서로 모르는 게 많아도 너무 많다. 그래서 60대를 넘긴 부부가, 몇십 년을 함께 살았는데도 노후에 피해야 할 리스크인 황혼이혼을 한다지 않나. 참 '웃픈(웃기고도 슬픈)' 현실이다.

얼마 전, 오랜 세월 함께하고 있는 부부 모임에서 있었던 일이다.

먼저 아내들에게 자신이 좋아하는 음식, 싫어하는 음식을 물었다.

그리고 남편들에게도 똑같은 질문을 했다.

"아내가 좋아하는 음식은? 그리고 싫어하는 음식은?"

놀랍게도 대답이 일치하는 부부가 많지 않았다. 오랫동안 함께 산 부부 사이에 왜 이렇게 서로에 대해 모르는 게 많은 걸까. 아마도 서로에 대한 관심과 대화가 부족해서일 것이다.

미국의 심리학자 로버트 스턴버그(Robert Sternberg)는 '사랑의 삼각형 이론'에서, 완전한 사랑은 3가지 요소가 균형 있게 채워질 때 가능하다고 했다. 3가지 요소는 친밀감(Intimacy), 열정(Passion), 헌신(Commitment)이다. 나이 들수록 3가지 요소를 다 채우며 완전한 사랑을 하기는 어렵다 해도, 서로 친밀감 있고 헌신하는 사랑은 더욱 중요하지 않을까?

지난 가을 홍도여행을 갔다. 섬에서 만난 노부부와 이런저런 얘기를 나누었다. 노부부는 영덕에서 대게를 파는 가게를 하신단다.

그런데 가게에 손님이 딱 들어오는 순간 부부인지 연인인지 금방 티가 난단다. 할머니 말씀이 재밌다.

"자기 마누라하고 와서는 절대 못 먹어."

부부가 함께 오면 망설이다 그냥 가고, 연인끼리 오면 가격불문 다짜고짜 맛있는 걸로 달라 해서 잘 먹고 간다는 것이다.

그러고 보니 아주 오래전 일화가 떠오른다.

무척 바쁜 척 살았던 50대 초반쯤, 주말에 아내와 함께 백화점에 들렀다. 아내에게 옷 하나 선물하고 그동안의 미안함을 속죄 받을 요량이었다. 첫 번째 옷가게에 도착하자마자 아내에게 눈에 띄는 옷을 무조건 강력 추천했다.

"여보 저 옷 어때? 당신을 위해 만든 옷 같은데."

(사실 빨리 사주고 나오려고 서둘러 한 말이다.)

그러자 아내가, "누가 보면 불륜인 줄 알겠어요"라고 속삭이듯 말한다. 조그맣게 한다고 했는데 이른 시간이라 손님이 적고 워낙 조용한 때라서, 직원에게 말소리를 들키고 말았다. 직원이 씨익 웃으며 말을 거들었다.

"어머, 어때요. 불륜처럼 사시는 게 보기 좋네요!"

나이 들수록 지켜야할 가장 소중한 관계, 행복의 원천은 '부부 사이'가 아닐까 싶다.

물론, 부부 사이에 정답은 없다. 서로 다른 방법으로 사랑하며 살아갈 테니까.

나이 들며 마지막까지 함께하는 평생 친구는 부부밖에 없다지 않은가.

그러니 그냥 정이나 의리로 살아가지 말자. 앞으로도 살아온 만큼 함께 살아야 하는데, 지금부터라도 좀 더 애정 표현을 하며 친밀감 있게 살자.

표현해야 느낄 수 있다.

그리고 서로가 싫어하는 말과 행동은 하지 말고.

부부 사이 행복을 지키는 비결, '평생 웬수' 말고 '평생 불륜'처럼 사는 것이다.

***

인생 2막
어떻게 살 것인가

퇴직, 끝이 아닌 다른 시작

끝이 없는 일

이 세상 모든 남편들의 공공의 적

*

"집안일은 해도 해도 끝이 없는데, 어떻게 심심하고 우울하다는 건지……."

TV를 보던 아내가 혼잣말처럼 무심코 던진 말이다.

TV속 이야기는 아마도 나이 들어 집에 있으니 시간이 많아 지루하고 힘들다는 이야기인가 보다. 내가 가만히 지켜봐도 아내는 새벽에 일어나서 밤 늦은 시간 잠들 때까지 하루 종일 쉴 틈이 없다.

나도 대부분의 남편들과 마찬가지로, 퇴직하기 전까지는 집안일을 거들떠보지도 않았다. 아내가 의식주를 모두 전담하고 챙겨줬으니 집안일은 나 몰라라 했던 것이다.

지난해 퇴직한 부부를 대상으로 커뮤니케이션 강의를 할 때 일화가 생각난다.

각자 인생 2막 소원을 나누는 시간인데, 어떤 아내 분이 자기 소원은 '퇴직'이라고 했다. 남편은 퇴직했는데 자기는 아직 현역이라고, 그러니까 가정주부를 퇴직하고 싶다는 말이었다. 얼마나 힘들었으면 그랬을지 마음이 짠했다.

요즘 나는 아내와 함께 집안일을 한다. 우리 부부는 따로 역할이 정해져 있지 않다. 물론 식사준비 할 때 주된 요리는 아직 아내의 몫이다.

나도 직접 해보려고 요리를 배웠는데도 실천하기란 영 쉽지 않다.

아침 6시, 우리 부부는 함께 부엌에 들어간다.

함께 식사 준비를 한다.

식사를 마치면 나는 설거지를 하고 아내는 커피를 준비한다.

커피 향에 빠져 잠시 휴식.

그리고 윙윙, 청소기를 돌리며 함께 청소를 하고, 세탁기가 멈추면 빨래를 꺼내다 베란다 건조대에 넌다.

집안일은 한바탕 하면 끝나는 일이 아니다. 일은 또 남아 있고, 계속 생긴다. 집 안에 있는 반려식물에 물을 주고, 어항 속 반려물고기 식사를 챙겨주고…….

정말 집안일은 해도 해도 끝이 없다. 좀 더 일찍 함께 해주지 못해 아내에게 미안하다.

가끔씩 부부 모임에 가면 후배들에게 내 뒤늦은 깨달음을 얘기해주며 집안일을 함께 하라고 말한다. 그때마다 내게 묻는 단골 질문이 있다. 부부 간 역할 구분은 어떻게 하냐고.

나는 망설임 없이 답한다. 역할 구분 없이 누구든 어떤 일이든 보이는 대로 먼저 한다고 한다.

내가 하지 않으면 아내가 해야 하니까.

그러면 모두들 아우성이다.

날더러 이 세상 모든 남편들의 공공의 적이라고 한다.

그래도 좋다.

나는 앞으로도 계속 집안일을 아내와 함께 할 것이다.

이제 아내도 나이 들어 힘들고 집안일은 끝이 없다는 것을 나도 이제 너무나 잘 알기 때문이다.

집안일 함께 하기.

인생 2막 부부가 함께 사랑하며 살아가는 가장 훌륭한 지혜가 아닐까.

***

결혼식에 대한
생각

작은 결혼식, 풍요로운 마음

*

여성가족부와 조선일보가 펼치는 '1000명의 작은 혼인식 릴레이 약속'에 서약한 적이 있다. 약속은 이랬다.

"가까운 분만 모시고 의미 있게, 예물과 예단은 정성껏, 그러나 간소하게, 비용은 신랑, 신부 양측이 형편에 맞춰 나눠서 내겠다."

물론 이 서약은 아내와 아들, 딸 모두에게 동의를 구하고 했다.

그때는 내가 결혼식 주례를 30번쯤 섰을 때다. 지금은 100번이 훌쩍 넘었다. 그러고 보니 참 많이도 결혼시켰다.

그러다 보니 주말이면 매주 결혼식장에 가 있었다. 전국을 무대로, 시골 작은 결혼식장부터 서울 한복판 특급호텔까지 다녔다.

결혼식장은 한결같이 아수라장 같았다. 많은 사람들이 의무적으로 할 수 없이 들르는 곳처럼 보이기도 했다. 나도 가끔은 그랬었다.

결혼식은 30분 동안 정신없이 정해진 틀대로 치른다. 시끌벅적하다 우르르 떠난다. 진심으로 축하하기 위해 온 사람들은 몇이나 될까. 주례를 하면서 결혼에 대한 생각을 깊이 해볼 수 있었다.

그러던 차에 작은 결혼식 캠페인이 펼쳐졌고 동참한 것이다.

지난해 딸을 결혼시킨 선배는 자기도 참여하지 못한 걸 후회한다고 했다.

어떤 선배가 우리 모임에서 이번에 점심을 사겠다고 했다. 아들을 결혼시켰는데, 가족끼리 간소하게 하느라 초청하지 못해서 미안하다면서 말이다. 또 어떤 선배는, 아들 결혼식을 직계가족끼리 하와이에 가서 하고 왔다 했다. 서울에서 하면 초청을 안 할 수도 없고 해서, 아예 그냥 멀리 가서 했단다.

멋지다! 두 사람 다 돈도 많고 인맥도 넓은 선배님들인데도.

요즘 나와 비슷한 고민을 하는 사람이 의외로 많은 것 같다. 비록 실천으로 옮기기가 쉽지 않지만, 주변에서의 간소한 결혼식 사례들이 용기를 줬다.

그래서 나도 아들, 딸 예식을 간소하게 치르기로 마음먹었다.

이렇게 할 거라 말하면, 대부분 '양가 모두 찬성하기가 쉽지 않을 텐데'라며 걱정부터 한다.

그런데 드디어, 우리 딸 결혼식을 작은 결혼식으로 치렀다.

사위 재원군과 사돈댁에서도 흔쾌히 공감해주어 천만다행이었다.

식은 양가 가족과 신랑 신부의 몇몇 친구들과 토크콘서트(Talk Concert) 형태로 진행했다. 오롯이 함께 울고 웃으며 진정 어린 축하와 덕담을 건네는 자리였다.

우리는 하와이에서 일주일 내내 행복한 시간을 함께했다. 이참에 우리 부부는 미뤘던 30주년 기념 리마인드 웨딩 촬영도 하고, 사돈댁과 오붓한 가족여행도 추억으로 담았다.

1석 3조, 멋진 출발이 아닌가.

약속을 실천한 나 자신이 자랑스럽고 지금까지도 뿌듯하다.

의미 있고 마음은 더 풍요로웠다.

작은 결혼식, 어떤가.

***

준비 없이 뛰어드는 창업에 대해

욕심 부리지 말고, 신중 또 신중!

*

오랜만에 후배를 만났다. 얼굴이 예전 같지 않고 수척하다.

요즘 어떻게 지내느냐고 안부 인사를 건네자 기다렸다는 듯 얘기를 꺼낸다.

"뭐하고 살아야 하나 고민하다가 2년 전, 학교 안 매점을 창업하게 됐어요. 어렵게 기회를 잡았어요. 그런데 요즘 너무 힘드네요. 돈을 생각보다 못 벌어서 힘들기도 하지만, 그보다 더 힘든 건, 고객이 학생들인데 커뮤니케이션에 어려움이 많아요. 아이들이 예전 같지 않고, 어떤 아이들은 말을 함부로 하고, 그래서 상처받기도 하고…. 가끔은 내가 이렇게까지 하며 돈을 벌어야 하나 싶은 생각이 들기도 합니다."

후배는 인생 1막을 성실히 일해 가족을 부양하고 자식교육을 다 시켰는데, 퇴직하고 나니 달랑 집 한 채뿐, 자신의 노후 준비가 전혀 안 되어 있었단다. 어디 그 후배만의 문제일까. 5060세대 대부분의 고민거리일 것이다.

어떻게 하면 그날그날의 생활비라도 벌수 있을지, 그저 초조하고 다급한 마음뿐이다.

그러나 마땅한 일자리는 하늘에 별따기다.

그래서 베이비부머 세대들이 은퇴 후 너도나도 창업 전선에 뛰어들고 있다.

역대 최대라고 한다. 주로 도소매업, 숙박, 음식점, 카페, 치킨집 등 생계형으로.

최근 10년 동안 창업 숫자가 늘었는데, 60대 이상이 43퍼센트, 50대가 36퍼센트로 큰 비중을 차지하고 있다. 은퇴한 5060세대가 생계형 창업에 몰리는 이유는, 전문성과 진입 장벽이 낮아 손쉽게 창업할 수 있기 때문이다.

그러나 이들 중에서 성공한 사람은 많지 않다. 극소수다. 대부분 얼마 지나지 않아 폐업을 하고 만다. 그동안 어렵게 모은 생활비마저 날려버리고, 그렇게 또 개업과 폐업의 악순환은 지속되어간다.

후배는 담담하게 말을 이어갔다.

"그래도 저는 천만다행입니다. 창업 생태계에 사기꾼이 득실대는데, 걸려들지 않았으니까요. 있는 돈 어떻게라도 조금 불려볼까, 고민 고민하고 있는데 돈을 쉽게 불려줄 수 있다는 사람이 눈앞에 나타나면, 다들 한방에 훅 가버린답니다. 그 한순간에, 조금 있는 돈, 그마저 털리는 겁니다. 급한 마음에 부족한 경제력 보충을 위해 준비 없이 창업에 뛰어들기 때문이지요. 어떤 친구는 상대적으로 안정성이 있다고 해서 프랜차이즈 창업을 했는데, 그쪽도 만만치 않게 어렵다고 하네요. 폐업을 심각히 고민 중이랍니다."

후배는 혼잣말처럼 중얼거렸다.

"제 시간이 다시 2년 전으로 돌아간다면, 그렇게 무식하게 창업하지는 않을 것 같아요. 창업 관련 교육도 충분히 받아 전문성을 갖추고 아이템도 충분히 고민한 다음, 그런 다음 창업을 신중히 생각해볼 것 같아요. 지금은 빼도 박도 못하고, 엄청 후회합니다. 차라리 시간이 걸리더라도 기술을 배워서 재취업할걸 그랬어요."

얼마 후, 창업을 준비하는 또 다른 후배를 만났다. 내게 조언을 구하기에 얘기해줬다.

"창업은 성급하게 해서는 안 되는 일이야. 실패하면 다시 일어서기 힘드니까.

인생 2막은 너무 욕심 부리지 않고 내가 감당할 수 있을 만큼만 시작하는 게 답이지. 창업 준비할 때는 국가의 창업지원제도를 잘 찾아보고 활용해봐. 찾아보면 생각보다 훨씬 더 많은 정보가 있고 이런저런 지원도 많이 받을 수 있을 테니까."

***

내 맘대로
내 맘껏 사는 삶

체면치레, 다른 사람 눈치 보지 않고

*

3년 만에 만난 후배가 물었다.

"선배님 살아가는 이야기 좀 해주세요. 많은 사람들이 특별한 인생 2막을 즐기고 계신다던데요."

"글쎄. 뭐 특별한 게 있나. 그동안 미뤘던 하고 싶은 일을 하며 살아. 많이 해봤던 것, 억지로 해야만 했던 일은 안 하고 내가 좋아하는 것만 하면서. 과거에 채웠던 것을 비우고 새로운 경험을 하지. 그냥 나답게 살기로 했어. 평범한 삶, 누구 눈치도 보지 않고 내가 선택한 삶을. 오롯이 나로 존재하며 살려고 노력 한다네. 먼 미래의 행복을 추구하기 위해 현재를 희생하는 것도 좋아하지 않아. 그냥 현재, 지금 이 순간에 충만한 삶을 살아. 누구의 기대를 위해서 살지도 않고. 그냥, 나와 아내 둘이서 부부 중심으로 즐겁게 산다네."

"선배님, 참 부럽습니다. 그런데 그게 쉬운 일인가요? 저절로 그렇게 되신 건가요?"

"물론 쉽지 않지. 왜 그렇게 사느냐고 충고하는 사람들도 있었고. 누군가에게 끌려 다니지 말고 자기주도적인 삶을 살면 가능하다네. 그 사람들의 삶이 아니라 내 삶이니까. 그게 인생 2막, 우리의 특권이 아닐까. 자기가 자율적으로 선택하고 책임지는 삶."

"자율은 행복의 원천이다."

심리학자들의 연구 결과다. 자율에는 선택과 책임이 따른다고 한다. 그렇다면, 우리의 인생 2막에는 자기주도적인 삶이 가능하지 않을까. 이제 우리에게는 스스로 선택할 수 있는 능력도 있으니 자신감만 갖는다면 말이다.

퇴직할 무렵, 인생 2막을 생각하면 걱정도 됐지만 한편으로 가슴이 설렜던 이유는, 이제 내 마음대로 살 수 있는 자유를 가지게 된다는 것이었다. 내 맘대로 내 맘껏 사는 삶을 꿈꾸며.

스티븐 코비는 저서 《성공하는 사람들의 7가지 습관》에서, "주도성이란 단순히 솔선해서 사는 것 이상, 스스로의 삶에 대해 책임을 져야 한다는 뜻이다. 책임감이란 자극에 대해 어떻게 반응할지를 선택할 수 있는 능력이다. 주도적인 사람의 행동은 가치관에 기초를 둔 스스로의 의식적 선택의 결과이지, 기분, 다른 사람, 환경 등 주변 여건에 좌우되지 않는다"라고 했다.

자기주도적인 사람은 반사적으로 행동하지 않고 자신의 가치관에 기초하여 주도적으로 반응한다는 것이다. 자극과 반응 사이에 선택할 수 있는 자유라는 위대한 권한이 있기 때문이다.

인생 2막, 이제는 우리가 자율적으로 선택하고 책임지는 삶을 살 수 있지 않을까.

세상의 자극에 무조건적인, 반사적 반응이 아닌 자기주도적으로 선택적인 반응을 하자. 다른 사람 눈치도 보지 말고, 어렵게 고민만 하지도 말고, 자신이 선택한 삶을 존중하며 사는 것. 그런 삶이 어찌 즐겁고 행복하지 않겠는가.

즐거움이야말로 최고의 보약이다.

***

신중년의
품격

아름답고 우아하게 나이 드는 비결

*

참 곱게 늙으신다. 품격이 느껴진다.

그런 선배들은 자꾸 보고 싶다. 닮고 싶다.

5060세대, 이제 누가 뭐래도 어른으로서 인생 2막을 살아가야 한다. 어떻게 사는 것이 노년의 품격을 유지하면서 멋지게 나이 들며 사는 것일까.

일찍이 공자는 "40세는 불혹, 50세는 지천명, 60세는 이순, 70세는 종심"이라 했다.

그러니까, 40세가 넘으면 흔들리지 않고, 50세에는 하늘의 뜻을 알며, 60세가 되면 모든 것이 순리대로 들리고, 70세가 되면 법도를 어기지 않는다는 뜻이다.

나는 과연 어떨까. 불혹, 지천명, 이순? 정말로 공자가 말한, 나이에 맞는 그 경지에 이르렀을까. 가끔씩 생각해본다.

요즘 인터넷에는 "40대에는 내가 없고, 50대에는 일이 없으며,

60대에는 낙이 없고, 70대에는 힘이 없다" 라는 우스갯소리가 떠돈다. '웃픈' 현실 반영일 게다.

이 암울하고 어려운 세상, 어떻게 품격을 지키며 인생 2막을 살 수 있을까.

가장 쉬운 방법은 특정 학습모델을 통해서 배우는 것이다. 우리 사회 선배들 가운데 그럴 만한 롤모델이 있으면 닮고 배우는 것이다. 나는 지하철을 타면 습관처럼, 경로석 근처에 서서 선배들의 삶을 관찰한다. 우문현답. 우리들의 문제, 걱정에 대한 답은 현장에 있다고 하지 않는가. 그리고 복지관 운영위원으로 참여하면서 그곳을 찾는 선배들의 삶을 배우기도 한다. 아직, 경로당을 가보지는 못했지만.

많은 선배들의 삶은 노여움으로 가득하다. 왜일까?

괴테의 말처럼 "노인의 삶은 상실의 삶이어서 모든 것을 잃었다" 라는 불만과 분노감의 표현인 것인가.

어느 책방에서 《7-up, 품격 있게 사는 방법》이라는 책을 읽었다. 저자는 "clean up('깨끗하고 청결하게 자신의 몸을 가꿔라'), dress up('멋있는 사람이 되라'), shut up('말을 아끼고 남의 말에 귀를 기울여라'), show up('친구와 자주 만나 서로의 건강과 안부를 챙겨라'), cheer up('긍정적인 사고로 밝고 건전하게 생각하라'), pay up('즐거움을 얻고 싶다면 지갑을 열라'), give up('상대방을 배려하고 조건 없이 사랑을 나눠라')" 등 아름답게 나이 들고 품격 있는 삶을 사는 7가지 방법을 제시했다.

무척 공감이 갔다. 그중에서도 특히, 말을 아끼고 남의 말에 귀를 기울이라는 것, 그리고 긍정적인 사고로 밝고 건전하게 생각하는 기분 좋은 사람이 되는 것이 마음에 와닿았다.

우리가 나이 들어가면서, 나이에 맞는 역할 규범이나 라이프사이클에 대해 이해하고 있기는 할까? 중년의 삶, 웰에이징(well-aging)이란 무엇인지 말이다.

사실 어떻게 사는 것이 노년을 품격 있게 사는 것인지 배운 바도 없다.

계속 나이는 들어가는데 언제까지 나이는 숫자일 뿐이라며, 안티에이징(anti-aging)만을 부르짖으며 살 것인가.

욕심 부리지 말자. 조금은 손해 본 듯, 위세 부리지 말고, 염치 있게, 이해하고 배려하며 곱게 나이 들어가는 중년. 더할 나위 없이 좋지 않은가.

가끔씩 나에게 품격 있게 나이 든다고 칭찬해주는 사람들도 있다. 그래서 최선을 다해서 나를 잘 가꾼다. 품격과 매력을 유지하기 위해서 노력한다.

어떤 사람도 세월을 거스를 수는 없다.

누구나 중년이 되고 노년이 된다.

나는 지금이 딱 좋다. 중년의 삶이.

다시 젊은 시절로 돌아가고 싶지 않다.

***

퇴직 5년 뒤
가족편지

가족은 나를 지탱해주는 힘

*

퇴사 5년째에 접어들었다. 우리 가족, 아내와 아들딸에게 요청했다. 나의 퇴사 5년을 바라본 소감, 하고 싶은 이야기를 글로 부탁한다고.

곧 세 사람의 편지가 반갑게 도착했다.

아내의 글

남편이 퇴직하고 집으로 돌아온 지 5년째 접어들었다.
어딘가에 소속되어 30여 년 일하다가 갑자기 소속이 사라졌을 때, 그 상실감이 얼마나 컸을까. 자존감 또한 바닥까지 떨어졌을 것이다.
남편은 속마음을 표현하지 않아서 잘 모르겠지만, 내가 느끼기엔 금 간 사기그릇처럼 언제 깨질지 모르는 그런 기분 아니었을까 싶다.
5년 전 그때, 우리 가족은 모두 긴장하고 노심초사했다.
모두가 그동안 수고했다, 고생했다고 말을 건넸지만 얼마나 위로가 됐을까?
누군가는 퇴직한 남편을 아무것도 할 줄 모르는 큰 아들이라 말하며 불편해한다. 그도 그럴 것이 아내는 남편 없는 삶에, 아이들은 아빠 없는 삶에 익숙해졌기 때문일 것이다. 이것이 퇴직한 남편들의 책임인가?
가장, 남편, 아버지로서의 무거운 이름을 어깨에 얹고, 자신은 뒤돌아볼 사이도 없이 가족들을 위해 애쓰고 헌신하며 앞만 보고 달려야만 했던 안타까운 세대들이다. 물론 사회 전반의 구조적인 문제도 한몫했겠지만.

그렇다면 이제 내가 남편을 위해 할 수 있는 건 무엇일까?
퇴직한 남편을 이해하고 배려하고 함께하는 것이라고 생각했다.
난 내가 하던 사회활동과 취미활동을 줄였다. 남편과 함께하기 위해서였다.
남편은 퇴직하고 어디를 가나 남의 눈을 의식하는 듯했고 잘 적응하지 못했다. 남편은 운동이나 여행 쇼핑 등을 평일에는 해본 적이 없었다.
어느 평일 오전, 헬스장에 운동하러 갔을 때다. 남편은 아파트 커뮤니티 앞에서 쑥스러워서 서성거렸다. 남편 손을 잡아끌고 들어갔다. 요즘 전문직 종사자나 회사 사장님들은 거의 오전에 운동하고 출근하더라면서.
우리는 쇼핑도 요리도 같이하고, 자전거도 같이 배웠다.

남편은 서서히 집안 청소, 분리수거 등 집안일을 하기 시작했다. 요즘은 오히려 남편이 나보다 더 꼼꼼히 잘한다. 아무리 말려도, 본인이 하지 않으면 내가 해야 한다며 먼저 하겠다고, 막무가내다.

남편 퇴직 전에는 나 혼자 모든 일을 했어야만 했는데, 감사한 일이다.

남편은 이제 모임에 나가면 남자들이 집안일을 돕는 게 아니라, 함께 해야 한다고 강조한다.

요즘 지인이나 선배들을 만나면 내게 삶이 어떠냐고 묻는다. 나는 남편과 함께해서 행복하다고 대답한다. 남편도 지금이 가장 보람되고 행복하단다.

우리는 건강하고 소소한 일상의 삶에 만족하고 행복을 느끼며 함께 살아갈 것이다.

부부의 삶이란, 지금까지 먼 길을 달려왔고 앞으로도 먼 길을 함께 가야 하는 다정한 친구이자 동반자라 생각한다. 부부가 함께하면, 인생 2막은 좀 더 아름다운 여행길이 되지 않을까? 퇴직 후 원만한 부부관계야말로 인생 2막, 행복한 삶의 원동력인 것 같다.

아들의 글

5년 전 그날이 주마등처럼 스친다.

모든 걸 내려놓고 홀가분해지신 것 같긴 한데, 어깨가 축 늘어지신 그 모습.

내가 어렸을 적 30대의 아버지를 생각하면, 새벽에 들어오셔서 새벽에 나가셨던 기억이 전부다. 과장을 조금 보태자면, 젊은 아버지의 얼굴은 내 기억 속에 없다.
나만의 기억일까? 아마 우리 세대 대부분이 공감할 것이다.
깊이 생각해보았다.
'왜 저렇게 모든 것을 포기하고 아등바등 사셨을까?'
권력과 명예를 얻기 위해? 아니다. 이유는 단 하나였을 것이다. 가족 부양을 위해서 치열하게 사셨을 수밖에 없었을 것이다.
안타까운 일이다. 하고 싶은 일, 해야 할 일들이 더 많으셨을 텐데 말이다.
이렇게 눈코 뜰 새 없이 앞만 보고 회사와 일밖에 모르고 사셨으니, 퇴직하는 순간 상실하게 되는 그 모든 것에 대한 절망감과 허무함이 무척 클 수밖에 없었을 것이다.

우리 아버지도 예외는 아니셨다. 의연한 척하셨지만. 하지만, 잘 극복해내신 뒤 지금은 하고 싶은 강의를 하시며 누구보다 행복하게 지내고 계신다.
아버지께서 금방 괜찮아지실 수 있었던 것은 본인의 의지도 있으셨겠지만, 무엇보다도 가족의 역할이 컸던 것 같다. 우리는 아버지가 현직에 계실 때보다 더 많이 존경하고 사랑해드렸다. 그리고 더 많이 대화를 나누었다. 모든 것을 내려놓고 귀환하신 아버지에게 가족 모두 최선을 다했다. 어릴 적 우울하고 쓸쓸할 때마다 부모님이 우리를 달래주셨던 것처럼, 이제는 다 자란 우리가 그렇게 하였다.
서른이 막 넘은 나이, 문득 20년, 30년 후의 삶은 어떨까 생각해본다. 나는 인생 2막, 3막을 어떻게 살까? 우린 그때 어쩌면 100살도 훨씬 넘게 살지도 모르는데.
오래도록 행복하게 살려면 노후 준비를 미리미리 하는 것 외에는 답이 없는 것 같다.
아버지의 삶을 곁에서 지켜보며, 아버지의 삶을 통해 배운 교훈이다.

딸의 글

우리 엄마 아빠 세대를 떠올렸을 때 처음 생각나는 단어 몇 가지는 '대단함, 안쓰러움, 희생'이다. 어렵던 나라를 힘을 합해 잘살게 해놓으셨으니 대단하고, 나이가 찼어도 독립하지 않는 캥거루족 자식들과 연로하신 부모들을 이중으로 모셔야 하니 안쓰럽다. 어렸을 때부터 남자는 남편, 아들, 가장으로서의 희생을, 여자는 아내, 엄마, 며느리로서의 희생을 강요받고 살아와서 또 한 번 안쓰러운 세대다.

내가 엄마 아빠에게 갖고 있는 마음은 모순적이다. 그분들처럼 살고 싶으면서도 그러고 싶지 않다. 엄마 아빠는 최선을 다해 열심히 살아왔기에, 내 분유를 살 돈도 없던 곤란한 형편에서 자식 둘을 유학도 보낼 수 있을 만큼 많은 것을 일궈내셨다. 가난한 시골 농부의 7남매 장남으로 태어나 대기업 임원까지 했으니 '개천에서 난 용' 아니신가. 내가 본 그 어떤 사람보다도 도덕적이고, 이타적이고, 성실히 살아오신 분들이다.
두 분 다 자기에게 주어진 일들을 각자 위치에서 열심히 해내셨고, 나와 오빠에게 진심 어린 존경과 사랑을 받으신다. 그런데 가끔 부모님이 안쓰럽고 죄송스럽다. 내가 서른이 된 지금까지도, 늘 그래왔듯 엄마 아빠는 나와 오빠가 어떻게 하면 당신들께서 살아온 힘든 삶을 닮지 않게 살 수 있도록 도우실지 전전긍긍하시며 아직도 우리를 챙기신다. 최근 엄마는 우리를 위해 매일 108배를 하시기 시작했다(물론 다이어트 때문이라는 의혹도 든다. ^^).

이번 5월, 나는 결혼했다. 작은 결혼식을 케이크도 없이 간단히 올리려 했는데, 계속 엄마가 이것도 추가하고 저것도 추가하자고 하셨다. 워낙 결혼에 대해 환상이 없던 나는 "왜?"하고 되물으며 "나는 그런 거 필요 없어~ 사치야!"라고 연거푸 거절했다. 그런데 엄마가 웬일인지 져주지를 않는다. 평소 내 의견을 묵묵히 따라주시는 엄마라 왜 그러실까 하고 생각하다 보니, 엄마가 덧붙이시던 말이 생각난다.

"돈 아끼려고 하고 싶은 거 안 하면 나중에 너무 많이 후회될 거야."

문득 생각이 들었다. 엄마의 이 한 문장 속에는 엄마가 내 나이 때 하지 못했던 많은 것에 대한 후회와 동경이 담겨 있지 않을까. 딸은 더 풍족하고 더 아름다운 삶을 살았으면 하고 노심초사하는 엄마의 마음이 느껴졌다.

우리 엄마 아빠가 지금처럼 건강하고 행복하게 사셨으면 좋겠다. 엄마 아빠가 서로에게 지금처럼 가장 좋은 친구가 되어주었으면 좋겠고, 자식들 걱정도 덜 하시고 온전히 두 분을 위해 사셨으면 좋겠다.

엄마와 화상통화를 할 때마다 엄마는 "요즘 뭐 해 먹니?"하고 물으신다. 나이가 드니 먹고 싶은 것도 생각이 잘 안 나고 하고 싶은 것도 잘 생각이 안 난다고 하신다. 엄마랑 아빠가 서로에게 신선한 자극을 주며 먹고 싶은 것도 실컷 만들고 하고 싶은 것도 실컷 하시면서 함께 재미있게 일상을 보내시면 좋겠다.

엄마 아빠는 내 나이 때 사는 게 바쁘고 가난해서 많은 일상의 즐거움들을 놓치고 사셔야만 했다. 한 예로, 어린 시절 나에게 아빠는 연예인 같은 존재였다. 퇴근이 늘 늦으셨기 때문에, 가끔 일찍 오신다는 날에는 아빠만 기다리다가 초인종이 울리면 신발장으로 뛰어가서 아빠를 반겼다. 그때마다 손 뒤로 감춰 놓고 있던 사탕봉지를 건네며 웃던 아빠의 모습이, 내 어린 시절 아빠에 대한 기억의 대부분이다. 아빠도 나도 그게 아쉬웠고, 내가 성장하고 아빠도 시간이 생기면서 우리는 함께 많은 시간을 보냈고 서로에 대해 많이 알게 됐다. 이렇게 바빴던 아빠 옆을 지키던 엄마도, 젊은 시절 알콩달콩한 추억이 많이 없겠다 싶다.
나와 신랑이 된장찌개를 같이 만드는 모습을 보며 "너희들 참 재밌게 살 수 있을 거 같아서 엄마는 부럽고 기분이 좋아"라고 말씀하시던 엄마. 연애 시절, (지금의) 신랑이 갑자기 내가 보고 싶다고 비행기 타고 미국에서 한국으로 날아와, 나를 보고 그 다음 날 바로 다시 미국으로 가던 걸 보며 엄마에게 "재원이 멋있다. 나도 젊은 시절 당신한테 그렇게 해줄 수 있었으면 좋았을 텐데. 부럽네"라고 말씀하셨다던 아빠.
젊은 시절 놓친 것들이 돌아오지는 않지만, 현재 엄마 아빠 나이대에만 느낄 수 있는 재밌고 아름다운 것들이 많을 것이다. 그런 것들을 발견하고 나누며 즐겁게 사셨으면 좋겠다.
우리에게 늘, 돈을 물려주는 것보다 스스로 하고 싶은 일을 하며 살아갈 수 있는 능력을 갖춰주고 싶다던 엄마 아빠. 결과만을 생각하지 말고 과정을 소중하게 즐기며 살라는 말씀이 귓전에 맴돈다. 아마도 그렇게 살지 못했던 아쉬움 때문이 아닐까. 두 분이 남은 삶을 온전히 행복하게 즐기며 살아가시길 간절히 기도한다.

***

인생 2막
어떻게 살 것인가

퇴직, 끝이 아닌 다른 시작

은퇴의 기술

현역 후배들에게 건네는 팁

*

가끔씩 아직 현역에 있는 후배들이 인생 2막살이 준비를 위해 나를 찾아온다.

어떻게 살아야 하는지 묻는다.

사실, 정답이란 없다. 원하는 삶이, 살아온 삶이 모두 다르니까.

《은퇴의 기술》이라는 책에서 우리가 50세 이후 마주할 삶에서 직면하는 중요한 6가지 문제를 이야기했다. "내가 진정으로 원하는 것, 정체성, 가치, 재능 활용, 관계, 환경"을 해결하는 것이라 했다. 그것은 바로 '내가 원하는 삶을, 누구와, 어디서 함께할 것인가?'라는 질문으로 함축된다.

후배가 묻는다.

"선배, 현역에 있는 후배들에게 인생 2막살이 준비를 위해 어떤 Tip을 주시겠어요?"

아래는 그 질문에 대한 답이다.

내가 만약 퇴직 직전의 50대로 다시 돌아간다면?

1. 나의 노후 준비 상태를 구체적으로 진단해보고 계획을 세운다.

2. 노후에 누구와 어디에서 무엇을 하며 살 것인가를 계획하고 준비한다.

3. 인생 2막, 하고 싶은 일에 대해 전문성을 키운다.

4. 실무 능력을 갖춘다. (기본소양, 컴퓨터 활용, 문서작성 능력 등)

5. 나 자신으로 존재하기를 연습한다. (조직인이 아닌 개인으로 홀로서기)

6. 퇴직금을 일시금이 아닌 연금으로 받는다.

7. 이웃과 함께 어울려 사는 연습을 한다.

내가 만약 30, 40대 청춘으로 다시 돌아간다면?

1. 100세 시대에 대한 올바른 인식과 인생 3모작 계획을 세운다.

2. 노후생활을 위한 준비를 체계적으로 철저히 한다.

(연금 3층 구조를 단단히 한다: 국민연금, 퇴직연금, 개인연금)

3. 건강관리에 시간과 돈을 투자한다. (최고의 노후대책이다)

4. 주말 중 하루는 자신의 미래를 위해 딴짓(좋아하는 일)에 투자한다.

'은퇴의 기술'이라는 게 뭐 별것 있을까?

다가올 은퇴 리스크를 줄이는 것, 그리고 은퇴 후 하고 싶은 일을 찾아 미리미리 시간과 돈을 투자해서 갈고닦는 것이다. 사실 우리는 이미 다 알고 있지만 실천하지 못한다.

나는 퇴직 후 삶에 대해 조금 일찍부터 고민하기 시작했다.

지금 생각해보면 그나마 다행이다. 통계적으로 퇴직 체감 평균 연령이 49세라는데, 나도 평균치에 속했던 것이다. 퇴직 후 '강의, 코칭, 자문'을 한다는 계획을 세웠다. 그리고 전문성을 쌓기 위해 애를 썼다. 자격증, 학위, 관련 교육 등을 위해서. 주말과 휴가 대부분은 인생 2막을 위해 온전히 투자했다. (당시 가족들에게 미안했다.)

은퇴의 기술,

비법은 따로 없다.

스스로 자각하고 시간과 돈을 투자해 미리미리 준비하는 것.

바로 이것만이 해법이다.

"유비무환(有備無患), 무비유환(無備有患)."

***

지금
이 순간이 지나면,

후회하지만 이미 너무 늦은 때

*

《인생에서 너무 늦은 때란 없습니다》

미국인이 가장 사랑하는 예술가 중 한명으로 꼽히는 모지스 할머니 이야기다. 그녀는 76세에 처음으로 그림을 그리기 시작해 80세에 개인전을 열고, 100세에 세계적인 화가가 됐다.

"어릴 때부터 그림을 그리고 싶었지만 76살이 되어서야 시작할 수 있었어요.

좋아하는 일을 천천히 하세요. 때로 삶이 재촉하더라도 서두르지 마세요."

그녀의 인생 이야기는 새로운 길모퉁이를 앞두고 늘 고민하며 주저하는 우리에게 따뜻한 위로와 격려를 남긴다.

"사람들은 내게 이미 늦었다고 말하곤 했어요. 하지만 가장 고마워해야 할 시간이라고 생각해요. 무엇인가를 진정으로 꿈꾸는 사람에겐 바로 지금 이 순간이 가장 젊은 때이거든요. 시작하기에 딱 좋은 때 말이에요."

인생 2막을 맞이하는 시기, 우리는 가끔 이미 너무 늦었다고 얘기한다. 이 나이에 뭘 하겠어. 얼마나 더 산다고. 이렇듯 세월을 탓하면서 말이다.

내 나이가 어때서.

우리는 늘 미래의 행복만을 추구하며 힘겨워한다.

그 행복의 실체는 무엇일까.

바로 지금, 이 순간의 행복은 덧없이 흘려보내면서.

우리에게 세상에서 가장 소중한 선물은 과거도 미래도 아니다. 세상에서 가장 소중한 선물은 바로 현재의 순간, 바로 지금이다. 누구에게나 주어진 현재라는 평범한 선물이 우리 일생에 가장 위대한 선물이 아닐까.

내 어머님과 장모님을 생각하면 나는 지금도 가끔씩 후회한다.

두 분은 일찍이 혼자가 되셨다. 그래서 나와 아내가 돌봐드려야 했다.

몸이 아프셔서 오랫동안 병마와 싸우셨다. 그땐 서로가 그냥 힘들었다. 최선을 다해드리지 못한 아쉬움이 크다.

그런데 어느 날 홀연히 세상을 떠나셨다. 벌써 5, 6년이 흘렀다.

두 분 다 소녀처럼 봄꽃을 좋아하셨다. 그래서였을까?

두 분 다 꽃향기를 품고 떠나셨다.

살아생전에 좀 더 잘해드릴걸 하고 후회하지만, 이미 너무 늦은 때가 되어버렸다. 그때, 순간순간 최선을 다해 잘 모실걸.

이제는 잡을 수 없는 바람이다.

하고 싶은 일이든, 부모님께 효도하는 일이든, 바로 지금 이 순간 시작하자.

이 순간이 지나면, 너무 늦은 때이니까.

***

퇴직 전후 2~3년, 인생 2막으로 가는 골든타임

참 고맙습니다, 잘 견뎌온 나 자신과 직장에

*

임금피크제 대상자들에게 '인생 2막 즐겁게 준비하기'라는 주제로 강의를 하였다. 임금피크제란 일정한 나이부터 임금을 단계적으로 줄이면서 정년까지 고용안정을 보장하는 제도이다. 고령화 사회의 대비책 중 하나이다.

교육과정에는 그동안의 노고를 감사하며 부부가 함께 여행하는 프로그램도 포함되어 있다. 인생 2막을 준비하는 사람들에게는 대단한 선물이다.

그러나 참석자들 대부분은 표정이 어둡다. 그도 그럴 것이 최고의 위치와 역할에서 내려와 그동안 쌓아온 모든 것이 한 번에 우르르 무너지는 듯한 기분일 테니 그 상실감과 자책감이 오죽하겠는가.

임금피크제 대상이 된다는 것은 퇴직이 임박했다는 의미다.

그러니 이제 본격적으로 인생 2막을 준비해야 한다는 신호인 것이다.

사실 생각해보면 얼마나 고마운 일인가?

회사가 이렇게 퇴직 전에 인생 2막을 준비할 수 있는 징검다리까지 만들어준다니.

임금피크제 대상이 되면 자신에게 적어도 3가지 변화가 일어날 것이다.

첫째는, 역할이 달라진다. 물론, 권한과 책임도 달라진다.

둘째, 지금까지 축적한 노하우를 후배들에게 잘 전수해야 한다.

셋째, 본인 스스로 인생 2막을 준비해야 한다.

나는 강의 때마다 이 3가지가 회사의 요구이자 자신의 책무라고 말해준다.

그런데, 이러한 변화를 받아들이지 못하고 힘들어하는 사람들이 있다.

나는 참석자들에게 말했다.

"여러분은 그래도 운 좋은 사람들입니다. 좋은 회사에서 근무한 덕에 이렇게 좋은 기회를 만났으니까요."

이런 준비할 겨를도 없이, 어느 날 갑자기 퇴직 통보를 받고 낭떠러지에 뚝 떨어져 깊은 동굴에 갇혀 있듯 암울하게 살고 있는 사람들이 얼마나 많은가?

인생 2막을 맞이하는 모든 사람들에게 이런 기회가 공평히 주어지면 좋겠다.

최근 서울시에서는 '50플러스캠퍼스'를 만들어, 50플러스 세대의 인생 2막 준비도 돕고 그들의 아지트로 활용하도록 하고 있다. 그나마 다행이다.

이러한 좋은 제도가 더 빨리, 더 널리 전국적으로 확산되고 정착되기를 소원해본다.

임금피크제, 우리가 긍정으로 맞이하면 좋은 기회가 된다.

100세 시대, 인생 1막과 2막 사이에 인생 2막으로 가는 징검다리가 놓여 있다. 이 다리를 튼튼하게 만들어서 잘 건너야 한다.

퇴직 전후 2~3년은 어쩌면 인생 2막으로 가는 골든타임일 것이다.

서두르지 말고 2~3년 차근차근 잘 준비해서 2,30년을 살아갈 수 있는 필살기를 갖추자.

그리고 설렘과 희망으로 징검다리를 건너며 인생 2막을 즐겁게 맞이하자.

***

퇴사 5년차의 고백

갈팡질팡, 그리고 다시 걷는 길

*

벚꽃이 활짝 피어나고 있다. 점심식사 후에 아내와 함께 근처 호수공원으로 봄나들이를 갔다. 평일 오후 2시에 이런 호사가 어디 있겠는가.

놀랍게도 이 시간에 생각보다 많은 사람들이 걷고 있다. 각양각색이다. 혼자, 가족끼리, 친구와, 반려견과 함께.

호숫가 벤치에 잠시 앉았다.

"여보, 벌써 사회인 5년차네."

아내가 말을 건넨다. 돌이켜보니 시간이 쏜살같이 지났다. 일순간, 5년 세월이 파노라마처럼 스쳤다.

퇴사 1년차, 그냥 갈팡질팡 보냈다.

퇴직하기 전에는, 퇴직하면 그동안 고생한 나와 아내를 위한 보상의 시간을 가지려 했다. 모든 걸 내려놓고 아내와 골프나 치고 여행하면서 말이다. 그러나 생각대로 되지 않았다. '30년 축적한 노하우를 그냥 썩히려 하느냐?'는 이런저런 유혹에 끌려 덧없이 보내기도 하고, 사실 내 자신도 욕심을 내려놓지 못했었다. 돌이켜보면 그 세월이 가장 허망하게 생각된다.

뭘 했는지, 아쉽기만 하다.

퇴사 2년차, 좋은 일을 하고 싶어 하는 사람들을 참 많이 만났다.

나도 좋은 일을 하고 싶었다. 초빙교수, 자문위원, 운영위원, 코치 등 여러 명함을 서재에 쌓아두고 자랑스럽게 생각하며 바쁘게 활동했다. 좋은 일이란 누군가를 위한 일이라 생각했다.

인생 1막, 많은 사람들의 도움으로 성공적인 삶을 살았으니 인생 2막은 누군가를 위해 봉사하는 삶을 살고 싶었다.

그런데 왜, 늘 마음 한편이 허전했을까.

순간순간 공허함이 밀려왔다.

퇴사 3년차, 내가 왜, 이렇게 살고 있을까? 진정 내가 원했던 삶인가?

깊은 고민을 하기 시작했다. 나답게 살자. 내 인생 주인공이 되는 삶을 살자.

이제야 누군가를 위한 삶에서 나와 아내를 위한 삶으로 프레임이 옮겨졌다.

그리고 내가 진짜로 좋아하는 일에 집중하기로 했다.

에너지가 넘치기 시작했다. 강의 콘텐츠 개발, 강의 PPT 작성, 강의기법 훈련 등 준비할 것이 너무 많았다. 비록 힘들기는 했지만, 인생 1막 노하우를 정리하여 기업을 대상으로 리더십과 자기 경영 강의를 하며 의미 있고 재밌는 활동을 시작했다.

퇴사 4년차, 인생 2막 길잡이를 하는 강의 활동을 하고 싶었다.

퇴직 후, 새로운 삶을 시작하는 사람들이 갈팡질팡하지 않고 징검다리를 잘 건널 수 있도록 동기부여 하는 일을 하고 싶었다. 콘텐츠를 개발하고 50플러스캠퍼스에서 강의를 시작했다.

퇴사 5년차, 50플러스캠퍼스에 인생 이모작 특강을 개설하고 강의활동을 활발하게 하고 있다.

공무원, 공기업, 사기업 등 정년을 앞둔 퇴직 예정자들과 퇴직자들을 대상으로, 전국을 무대로 인생 2막 강연가로 활동하고 있다.

'100세 시대, 인생 2막을 어떻게 살 것인가?'라는 주제로.

퇴직 후 갈팡질팡 5년, 이제야 비로소 나다운 인생 2막을 살아가고 있다.

강의하고 여행하며 사는 "강의 여행가"로서의 삶.

인생 2막이 즐겁고 행복하다!

***

위대한
하루

그저 '나'로 사는 삶

*

노인 복지관에서 만난 어느 80대 어르신의 말씀이 떠오른다.

"참 빠르네요. 버스 타고 서너 정거장 지나온 거 같은데 벌써 종점, 이제 죽을 날이 가까워졌으니 말입니다. 인생이 이렇게 짧은데 뭐 그렇게 욕심 부리며 아등바등 살았는지…. 젊었을 때는 어쩔 수 없었지만 나이 들어서라도 내 인생 살걸, 그게 제일 후회됩니다. 나처럼 나이 들어 후회하지 않도록 사세요."

인생 2막, 어떻게 사는 것이 후회하지 않는 삶, 행복한 삶일까?

100세까지 사는 장수시대이다. 오래 살 수 있어서일까. 마치 불멸의 시간을 가진 것처럼 그냥 하루하루를 사는 대로 살 때가 있다.

가끔씩 드라마 속 주인공이 삶을 한탄하며 '이렇게 사느니 차라리 죽는 게 낫지, 이건 사는 게 아니야'라고 자책하는 모습을 보면서도 말이다.

쳇바퀴 돌 듯 이렇게 반복된 일상을 살다가 언젠가 나도 후회하지 않을까?

후회하지 않는 삶을 살려면 어떻게 살아야 할까?

아마도 퇴직 후 2년쯤 지났을 때일 것이다. 그때부터 틈나면 '행복', '인생 2막', '죽기 전에', '생의 마지막 순간에' 등등의 구절이 들어간 제목의 책을 닥치는 대로 읽기 시작했다.

그 많은 책 중에서 내게 인생 2막 삶의 지혜를 줬던 책은, 앤디 앤드루스가 지은 《폰더 씨의 위대한 하루》였다. 폰더라는 40대 중반의 가장이 환상여행을 하면서, 역사적 인물들에게서 인생의 고귀한 7가지 메시지를 조언으로 선물받는다는 내용이다.

그 책을 통해 가장 감명받았던 구절은 주인공 폰더가 안네 프랑크를 만나서 받은 조언이다. "오늘 나는 행복한 사람이 될 것을 선택하겠다."

그리고 가브리엘을 만나서 받은 "인생이라는 게임에서 하프 타임의 스코어는 정말 아무것도 아니다"라는 조언이 생각난다. 또한 가브리엘이 폰더 씨에게 미처 이루지 못한 희망, 공상으로 끝낸 계획들이 가득 쌓인 창고를 보여주며, "당신의 인생도 저기 넣어두고 싶은가?"라고 했던 질문이 인상 깊었다.

또 한 구절은 혜민 스님의 《멈추면 비로소 보이는 것들》이라는 책에서였다.

"죽기 전에 내가 꼭 가보고 싶은 곳들, 경험해보고 싶은 일들, 만나보고 싶은 사람들을 쭉 적어보세요. 그리고 그냥 그것들을 꾸준히 하세요. 하나씩 하나씩."

인생 2막살이, '위대한 하루'가 뭐 별다를까?

마음먹기에 달려 있다고 생각한다. 물론 위대한 하루에 대한 개념과 살아가는 법은 각자 각자가 모두 다르지만, 우리 모두가 살아갈 위대한 하루의 공통점은 "스스로 행복한 사람이 되기로 마음먹고, 하고 싶은 것을 선택해서, 그것들을 실천하며 사는 삶"이라 할 수 있을 것이다.

나는 오늘도 아내와 함께 봄꽃 나들이를 갔다. 특별한 목적은 없다. 그냥 둘이서 봄꽃이 보고 싶어서 그랬다.

온 천지가 자연이 준 선물로 가득하다. 마치 우리를 위해 존재하는 듯 반갑게 반겨준다. 참으로 행복하다.

예전에는 꽃구경을 날짜 잡아서 미리미리 계획해서 떠나곤 했다. 멀리 사람들이 많이 찾는 유명한 곳으로.

그러다 보니 막상 꽃구경 한번 하기가 어려웠다. 물론 시간이 없다는 핑계가 컸지만 말이다.

그래서 요즘에는 미루지 않는다. 거창한 계획 세우느라 시간 낭비도 하지 않는다.

하고 싶으면 곧 바로 한다. 지금 하지 않으면 후회할 수도 있을 테니까.

그래서 꽃구경도 아파트 주변 길거리에 펼쳐진 꽃들과 함께 노는 것이 더 좋다.

오늘 하루도 위대한 하루였음에 감사한다.

인생 2막, 나는 그저 나로 후회 없이 살고 싶다. 나를 위해 시간을 쓰고 스스로 즐기며 진정한 나로 존재하는 삶을 살고 싶다.

나는 아프지 않고 건강하게, 하고 싶은 일 하면서, 내 아내와 몇몇 친구, 이웃들과 함께 어울려 사는 인생 2막살이를 꿈꾼다.

평범하지만 생각보다는 어려운 삶이다 .

많은 것에 집착하며 스트레스 받지 않는다. 우선순위를 정해서 정리정돈 하고, 그리고 선택하고 집중한다.

설렘으로 일상을 맞이하며 나와 다름을 존중하고, 늘 감사하며 산다.

무엇을 하든 다른 사람과 비교하지 않으며, 욕심내지 않고, 내게 걸맞게, 내가 감당할 만큼만 하려 한다.

그리고 내가 가진 것들, 내 곁에 있는 사람들을 소중히 지키며 그들과 함께 소소한 일상을 즐기며 살아가고자 한다.

내가 살아가는 위대한 하루다.

***

인생 2막
어떻게 살 것인가

퇴직, 끝이 아닌 다른 시작

Epilogue

지난 4년 동안 서울시50플러스재단 캠퍼스,
전국평생학습관, 기업 등에서
인생 2막 강의활동을 했다.

시작은 그동안 내 경험담을 쉽게 풀어내서
책 속에 담고 싶어서였다.
하지만 그 일이 그리 쉬운 일이 아니었다.
잘 쓰려고 애쓰는 마음과 나의 과거 영웅담이 뒤섞여
실디레처럼 엉켰다.
발간 직전까지 덕지덕지 엉겨 붙은 글들을 떼어 내고
간결하게 쓰려고 노력했다.

이 책 속의 주인공은 내가 아니다.
이야기 속의 모든 분들이 주인공이다.
내 아내, 우리가족은 물론이다.

책 발간 후 많은 독자들로부터
기대 이상의 관심과 사랑을 듬뿍 받았다.
덕분에 3쇄 발간을 하게 되었다.
전국 각지에서 강의초청을 해줘서
즐거운 추억도 많이 쌓고 있다.

가끔씩 이 책을 읽은 독자로부터
이메일 편지를 받는다.
당신 덕분에 위로가 되었고 자신감을 얻었다고.

고맙고 감사합니다.

이 책이 독자 여러분의 삶에도 보탬이 되었으면 합니다.

인생 2막 어떻게 살 것인가

초판 1쇄 발행 2019년 3월 25일
초판 2쇄 발행 2019년 4월 15일
제2판 1쇄 발행 2020년 2월 15일

지 은 이 허남철
펴 낸 이 노 현

편 집 황정원
기획/마케팅 이선경
디 자 인 BEN STORY
제 작 우인도 · 고철민

펴 낸 곳 (주)피와이메이트
서울특별시 금천구 가산디지털2로 53, 한라시그마밸리 210호(가산동)
등록 2014.2.12. 제2018-000080호
전 화 02)733-6771
f a x 02)736-4818
e-mail pys@pybook.co.kr
homepage www.pybook.co.kr
ISBN 979-11-6519-026-2 03370

정 가 15,000원

박영스토리는 박영사와 함께하는 브랜드입니다.